京津冀信息服务业
协同发展研究丛书

总主编◎王成慧

京津冀信息服务业战略布局与协同发展模式

刘林艳◎编著

THE MODEL OF STRATEGIC LAYOUT AND
COLLABORATIVE DEVELOPMENT
OF INFORMATION SERVICE INDUSTRY IN JING-JIN-JI AREA

本书得到以下基金支持：

北京市教委市属高校创新能力提升计划项目"京津冀信息服务业协同发展模式与国际化战略研究"（TJSHS201510031008）

北京市教育委员会社科计划一般项目"北京市绿色会展经济战略、绩效与对策研究"（SM201610031002）

经济管理出版社
ECONOMY & MANAGEMENT PUBLISHING HOUSE

图书在版编目（CIP）数据

京津冀信息服务业战略布局与协同发展模式/刘林艳编著 . —北京：经济管理出版社，
2017.3

ISBN 978 - 7 - 5096 - 5029 - 5

Ⅰ.①京…　Ⅱ.①刘…　Ⅲ.①信息服务业—区域经济合作—华北地区　Ⅳ.①F719.9

中国版本图书馆 CIP 数据核字（2017）第 054125 号

组稿编辑：王光艳
责任编辑：许　兵
责任印制：司东翔
责任校对：王淑卿

出版发行：经济管理出版社
　　　　　（北京市海淀区北蜂窝 8 号中雅大厦 A 座 11 层　100038）
网　　　址：www. E - mp. com. cn
电　　　话：（010）51915602
印　　　刷：北京玺诚印务有限公司
经　　　销：新华书店
开　　　本：710mm×1000mm/16
印　　　张：9.75
字　　　数：142 千字
版　　　次：2017 年 6 月第 1 版　　2017 年 6 月第 1 次印刷
书　　　号：ISBN 978 - 7 - 5096 - 5029 - 5
定　　　价：58.00 元

目　录

第一章
信息服务业协同发展的
基础理论研究

　　2014 年 3 月，"京津冀协同发展"升级为国家战略。京津冀的协同发展将有助于京津冀城市圈建立统一的大市场，使其连接形成一个利益共同体，从而在更大的范围内实现各种生产要素的空间流动。产品和要素的优化配置，将降低区域内整体经济发展和社会运行成本（梁晓林、谢俊英，2009）①，各城市依据自身产业基础、区位交通条件、城市功能定位来承担科技研发、教育文化、先进制造业、商贸流通、国际贸易等核心功能，从而建立一种垂直型分工与水平型分工相结合的区域经济联合体系，促进城市圈成员的共同繁荣。

　　产业是经济活动的载体，"京津冀协同发展"的核心在于产业的协同发展，即充分发挥区域内各地区的比较优势，因地制宜、分工合理，实现地区职能的优势互补。会展业作为一种对城市功能影响大、对产业发展影响大、对基础设施建设影响大的高端现代服务业，应当成为京津冀一体化协同发展的优先领域，京津冀会展业的协同发展无论在理论与实践中都具备经济基础、资源基础与社会基础。

---

　　① 梁晓林，谢俊英. 京津冀区域经济一体化的演变、现状及发展对策［J］. 河北经贸大学学报，2009，30（6）：66－69.

一、协同发展的经济基础

1. 绝对优势理论与比较优势理论

亚当·斯密在 1776 年提出的绝对优势理论认为，两个国家之间生产某种产品的劳动成本的绝对差异使一个国家所耗费的劳动成本绝对地低于另一个国家，每个国家专门从事其最有优势产品的生产，然后彼此交换，则对各个国家都是有利的。依据绝对优势理论，各城市（地区）应按各自的绝对优势进行专业生产分工。

在绝对优势理论基础之上，大卫·李嘉图于 1817 年在其《政治经济学及赋税原理》中提出的比较优势理论认为，国际贸易的基础是生产技术的相对差别而非绝对差别以及由此产生的相对成本的差异。也就是说，只要各国之间存在着生产技术上的相对差别，就会出现生产成本和产品价格的相对差别，从而使各国在不同的产品上具有比较优势，使国际分工和国际贸易成为可能，各国才能获得其比较利益。据此，每个国家都应该根据"两利相权取其重，两弊相权取其轻"的原则，集中生产并出口那些优势较大或劣势较小的、具有"比较优势"的产品。

显然，两个国家或地区都按自己绝对有利的条件进行生产和交换，对双方必然是有利的。但是，一般情况下，并不是两个国家或地区刚好都有绝对优势，现实情况通常是一个国家或地区在两种产品上较另一个国家或地区均处于绝对劣势，但只要这两个国家或地区在这两种产品生产上的优劣程度有差异，且各自按照其比较优势原则进行生产和交换，那么，它们仍然可以增加自己的利益。因此，只要各地区按照其区位条件、自然资源禀赋、生产要素等因素形成的比较优势，实现错位分工就能够实现优势互补和效率提升。

对于都市圈来说，各城市应寻找自身优势并依据自身比较优势参与到区域分工中。若某城市的经济区位、经济条件或生产某些产品具有区际意义，占有圈内外的绝对优势，那么圈内其他各城市应积极配合，使这种优势充分发挥潜能，产生最大效益，进而辐射带动圈内经济发展；若圈内的各城市基于资源禀赋差异形成各自的比较优势，则应进行有针对性的职能优化，同时对各产业部门适当地进行地域分工与空间集聚，以利于整体经济最优化。

2. 规模经济与范围经济

穆勒认为，在很多情况下，大规模生产可以大大提高生产效率。马歇尔认为，规模报酬递增的原因是企业"扩大其不动产而获得了种种新的大规模生产经济，从而在相对低廉的成本上增加了产量"。"规模经济"解释了在一个给定的技术水平上，随着规模的扩大，产出的增加，平均成本逐步下降的现象；"范围经济"则解释了多项活动共享同一种核心专长导致各项活动费用的降低和经济效益提高的现象。在"范围经济"条件下，一个地区集中了某项产业所需的人力、相关服务业、原材料和半成品供给、销售等环节，这一地区在继续发展这一产业中就拥有比其他地区更大的优势。范围经济通常能节省企业生产或提供某种系列产品的单位成本，这种节省来自分销、研究与开发和服务中心等部门。

范围经济往往是企业采取多样化经营战略的理论依据。同样地，外部规模经济与外部范围经济也是区域产业协同发展的理论依据——在同一个地方，同行业企业的增加使其可以共享当地的辅助性生产设施与服务；在同一个地方，单个企业生产活动专业化，多个企业分工协作，组成地方生产系统，这种企业之间的分工与协作、交流与沟通也能起到节约成本的作用。除生产成本的节约外，范围经济往往还可以实现差异化优势、市场营销优势与技术创新优势。

（1）差异化优势。差异化是指企业提供产品的多样性，包括产品的质量、功能、外观、品种、规格及服务等，这种多样性能使消费者认同该产品并区别于其他企业提供的类似产品。范围经济形成的差异化体现在区域内多家企业提供的整体产品组合的差异化，而区域产品组合能够更好地满足顾客"多样化、个性化、差别化"的需求。

（2）市场营销优势。在买方市场条件下，获得市场营销优势是企业成功的关键。市场营销的关键在于正确定位目标市场的需要和欲望，且比竞争者更有效地提供目标市场所需要的产品和服务。范围经济形成的成本优势和差异化优势，体现于企业在产品、品质和价格方面的竞争能力。同时，利用区域内营销平台原有渠道销售多种产品，更好地发挥各企业已经形成的品牌优势，为新产品开拓市场。区域内企业产品的优势可以使消费者更容易接受，同时也对跟进者形成巨大的进入障碍。

（3）技术创新优势。对范围经济的理解和受益，使企业管理层对新产品、新工艺的开发更加重视。这种范围经济利益的驱动导致科技创新的良性循环，而持续的创新活动将使企业在应用新材料，采用新工艺，培养创新团队，加强市场调研等方面获得突破，最终将形成强大的核心竞争优势。

3. 交易成本理论

科斯的交易成本理论认为，现实市场中有限理性、机会主义与不确定性的存在，使人们在实现交易的过程中往往要经过一个收集信息、寻找交易对象、谈判、签订合同、监督合同实施的过程。大多数交易还涉及运输、税收、管理等诸多环节，而这一切都需要支付费用，形成搜索成本、谈判成本、签约成本与监督成本。为节约交易费用，企业作为代替市场的新型交易形式应运而生，即企业作为一种交易形式，把若干个生产要素的所有者和产品的所有者组成一个单位参加市场交易，从而减少了交易者的数目和交易中的摩擦，降低了市场交易的成本。

企业的边界由企业之间的交易成本以及市场价格共同确定，当市场平均的交易成本与企业将该交易内部化的成本相等时，企业的边界与规模就基本稳定。

交易成本不仅是企业实现合理边界的原因，也是产业链上下游分工乃至城市间的市场分工的重要依据。交易成本为零是一种特例，而非常态，现实情况中，任何市场活动都存在交易成本，也就是产业链上下游企业间，产业与产业之间的经济活动都面临交易成本。处于同一产业链的上下游企业间，如果企业内部的交易成本大于市场当中的交易费用，那么纵向内部一体化将被横向的市场交易所取代。最终，垂直一体化和水平一体化力争将生产成本和交易成本缩减，实现最优利润。

交易成本也是城市群中的城市之间分工的重要决定要素，分工协作带来正的外部性，降低每个城市履行职能的公共成本。这种外溢行为不仅体现在经济效益上，也集中体现在生态环境保护、公共服务设施等方面，产业分工协作使城市群的综合竞争力得到有效提升。

4. 新经济地理学

在新经济地理学视角下，经济上相互联系的产业在空间上的相互接近性能够带来成本的节约，于是，空间聚集成为产业寻求收益递增的外在表现形式。"新经济地理学"同样被用来解释城市增长的动力机制，克鲁格曼认为，人们向城市集中是由于其可以提供较高的工资和多样化的商品，而工厂在城市集中是因为这里能够为他们的产品提供更大的市场，空间聚集导致城市的形成和不断的扩大以及区域经济的发展。

新经济地理学基于严格假定的数理模型表明，当广义的运输成本下降到足够低时，经济系统的内生力量将引起区域分化，集聚力与分散力的平衡被打破，集聚力将居于主导地位，产业活动的集聚不可避免。按照新经济地理学的逻辑，资本外部性的相对规模，即市场作用的范围、劳动力的可移动性和交通成本将决定经济活动和财富在空间配置上的区域整合程度。一方面，当资本外部性及劳动力的迁移通过区域整合增加时，将产生更大规模的空间集聚；另一方面，如果区域之间仍然存在着不可流动性，那么中心地区的劳动力和由于拥挤而带来的成本就会增加。据此，集聚是京津冀都市圈未来发展的基本方向，其协同发展符合经济发展的内在趋势。

二、协同发展的经济效应

协同发展有助于实现资源要素的自由流动，形成产业集聚、布局合理、生产高效、结构优化的产业体系。

1. 协同发展实现集聚经济效应

聚集经济指的是经济活动在空间上所呈现出的局部集中，其往往伴随着在分散状态下所没有的经济效率，产生了企业聚集的整体系统功能大于在分散状态下各企业所能实现的功能之和的效应。城市群的协同发展是发挥聚集效应的有效方式。

在市场经济的作用下，各种资源及要素以利润最大化、成本最小化为目标，向着符合自身特定职能的城市空间集聚，并形成聚集规模。当聚集经济表现为正的外在经济时，众多企业都享受外在经济的好处——共用基础设施，降低生产成本，提高生产效率。大量企业和员工的集聚又产生巨大的市场需求，从而吸引上下游企业集聚，促进产业链的发展。产业和人口在集聚效应下向着空间的某一点集中，直接导致城市的形成，而城市的产业优化和城市进化的空间集聚又导致城市的进一步延伸和扩展，于是，城市群形成。

城市群的产业集聚包含数个乃至数十个产业，在合理的分工下，城市群内产业之间、城市之间为实现聚集经济而进行积极对接与不断融合，体现出单个城市经济外在化和整个群域经济内在化的交互作用，使资源和要素在更大的范围内、更深的层次上聚集与整合，促进群域内甚至群域外资源在动态配置中实现"帕累托改进"。

城市群内的产业聚集在微观层面上，企业间相互关联，节约成本，增加收益，且在更大空间和范围内获得快捷的交通网络、便利的公共设施、完善的劳动力供给、发达的产业配套等所带来的隐形收益。在宏观层面上，城市因为集聚而带来规模报酬递增，产业集群规模越大，企业集聚数量越多，城市群规模也随之更大。产业集群的集聚度越高、专业化程度越高，则分工越细，城市群也就越专业，其创新能力也越强，区域品牌效应越能凸显，最终实现城市群的整体功能远远超出相同规模的多个孤立城市的功能之和，呈现"1+1>2"的特点。由于实力增强，城市可以投入更多的资源，不断优化产业发展环境，促进产业集聚与优化发展。城市群中的企业除了分享来自本行业的规模经济外，还能够分享所在城市群的公共产品、准公共产品和基础设施带来的好处。企业在对规模经济的追逐过程中，促进了城市规模的扩大，城市群的发展；城市的发展壮大和功能完善，又为企业的发展创造了更加优越的发展环境，吸引更多的企业进入，产生了新的规模效益，形成良性循环。

2. 协同发展使产业链向城市群延伸

在产业发展壮大与城市规模扩张相伴而生的过程中，产业链条逐渐拉长，企业的长期平均成本逐渐降低，但这一效应随着城市空间的日益拥挤、资源和要素供应紧张而受到消极影响。此时，将产业链条延伸到城市群中的其他城市，使城市的发展空间得到相应的拓展，基础设施和公共服务设施水平得到较大提升，谋求范围经济效应，使产业集聚和城市群形成协同发展的局面，已经成为发展的内在要求。

在规模经济和范围经济效应的驱使下,在工业化进程中,资源要素、区域经济与产业结构演进呈现出一定的规律,即随着工业化进程的推进,资源要素的流动越发顺畅,其流动过程经历向区域内的核心增长极流动—由增长极向外围扩散—要素在整个区域内全方位流动的过程;与此同时,区域经济由各自为政、缺乏联系到中心区极化发展,再到增长极向外围次中心扩散,最终形成由多个不同功能的核心区域构成的城市体系,产业高度差逐渐缩小,城市群内出现各具特色的职能中心,如表1-1所示。理论上来看,产业和城市相互交融、共同发展,在更大的范围内集聚和配置资源要素,迫切要求在城市群空间内形成由聚集经济和范围经济相结合的一种产业空间与城市空间高度协同的经济发展模式。

表1-1 工业化进程中资源要素、区域经济与产业结构演进的一般规律

阶段 类型	前工业化阶段	工业化初期阶段	工业化成熟阶段	后工业化阶段
资源要素	较少流动	以极化效为主,外围要素向增长极流动	增长极要素高度集中,扩散效应开始明显	要素在整个区域内全方位流动
区域经济	不同等级中心之间缺乏联系	中心区极化,少数主导地带膨胀,增长极形成并扩大	增长极扩散,外围出现次级中心	空间经济一体化,多核心区形成,少数大城市失去原有的主导地位,城市体系形成
产业结构演进	农业不断发展壮大,工业生产条件不断成熟	新兴产业逐步成长为区域主导产业,并围绕主导产业形成配套产业和基础产业	产业由高级中心地向次级中心地转移,逐步形成随着中心地等级降低而次第衰减的趋势	产业高度差逐渐缩小,城市群内出现各具特色的职能中心

城市体系既具有聚集性的特征,又具有开放性的特征,其聚集性体现于区域内的人流、物流、资金流、技术流、信息流等的高度聚集,发挥了规模经济和范

围经济的作用，降低微观主体的生产成本和交易成本，实现产业的高效运作；其开放性体现在都市圈内各级城市之间的横向和纵向联系打破了都市圈内市场分割、各自为政的格局，形成密切沟通的双向开放空间，从而按照区位优势、比较优势和要素禀赋的差异，有目的、有针对性地进行产业分工与合作，实现圈内经济要素的优化配置，延伸其产业链条，利用圈内的知识溢出效应，减少了运输成本。

综上所述，从经济学角度来看，城市体系的存在有其合理性。因为城市体系的协同发展有利于把分散的资源要素整合为一个整体，利用产业分工与合作的原理，根据比较优势和区位优势，按照要素禀赋的差异，合理配置产业链条的终端，以发挥整体优势，实现整体功能效果的扩大。

三、产业协同是京津冀协同发展的必然选择

1. 京津冀区域分割导致合力效应难以发挥

区域理论认为，大都市的基本问题是地方政府分散化和碎片化，机构臃肿，效率低下，公共服务不平等，缺失对区域总体发展的关注。英国学者彼得·霍尔认为，如果缺乏妥善干预，大都市将摊大饼式的无限扩张，很快就会面临空间拥挤、环境污染、生产低效、土地价格昂贵、社会分化严重等问题。长期以来，京津冀地区并没有形成统一的区域规划和协作机制，加之区域功能布局不够合理，城镇体系结构失衡，导致京津两极过于"肥胖"，周边中小城市过于"瘦弱"，区域发展差距悬殊，特别是北京市，由于集聚过多的非首都功能，"大城市病"问题突出，人口过度膨胀，交通拥堵，空气污染严重，房价持续高涨。而河北省

的经济发展水平远远落后于京津，其众多的中小城市不具备强有力的产业支撑和财政支持，公共服务设施很不完善，难以分享京津的发展成果。

（1）北京市的"大城市病"问题。在京津冀区域分割的格局下，北京市"大城市病"问题日益严重，具体体现在以下几个方面：

第一，人口膨胀。首都独特的资源优势形成了强大的引力源，其丰富的教育、医疗资源和就业机会吸引了大量人口向北京市迁移，且京津冀地区的非协调发展导致的周边地区与北京市不断加大的差距又进一步构成了周边区域人口向北京市集聚的动力。1990 ~ 2013 年，北京市常住人口由 1086 万人增加到 2115 万人，年均增长 2.9%，同期外来人口由 53.8 万人增加到 802.7 万人，年均增长 12.5%，北京市城区以 8.3% 的面积，承载了 62% 的常住人口和 70% 的经济产出。2014 年，北京市核心区密度高达每平方千米 2 万多人，是生态涵养区的 109 倍，其中西城区人口密度达到 25767 人/平方千米，在人口快速集聚的过程中，城市配套设施和管理服务水平无法同步快速增长，密集的空间结构不仅推高了生活成本，也限制了优质资源的空间流动，无形中降低了居民的生活质量[①]。

第二，资源短缺。自 20 世纪初以来，北京市进入连续枯水期，地表水资源量衰减一半以上，地下水资源量衰减近四成，入境水量也大幅衰减，而同期北京城市人口却快速增加，二者共同作用导致北京市人均水资源量锐减，不到全国平均水平的 1/20，成为全国人均水资源最匮乏的地区。随着北京市人口数量的日趋增长，经济活动的日益活跃，城市规模逐渐增长，用水量逐年提升，北京市的地表水和地下水均被过度开采，许多河流已断流，地下水也接近干涸。水资源仅仅是北京短缺资源的其中一项，地铁拥挤、房价上涨、垃圾围城，从根本上来说也是资源短缺的体现，而资源短缺归根结底是人口过于集中、产业过于集中的后果。北京市资源不足的状况随着时间的推移越发凸显，日益成为严重制约经济发展的瓶颈。

① 陈哲，刘学敏. "城市病"研究进展和述评［J］. 首都经济贸易大学学报，2012（1）：101 – 108.

第三,空气污染。京津冀地区是雾霾问题最突出的地区之一,区域的工业化、城镇化与华北地区大气环境变化相关联,形成了燃煤—机动车—工业废气排放多种污染物共生的局面。2013年4月至2014年4月完整一年的全国945个监测站发布的PM2.5监测数据显示,京津冀地区大气污染超标频度全国最高,该区域也是我国水环境污染、特大城市环境污染最为严重的地区之一。就北京市而言,2013年以来,空气污染已成为最重要的环境问题之一。2013年北京市空气二级以上天气176天,占全年的48.2%;三级轻度污染84天;四级中度污染47天;五级重度污染45天;六级严重污染13天。总体来看,重污染累计58天,占15.9%,远远超过其他三个一线城市。2014年,北京市二级以上污染天气数量占全年的47.1%,空气质量仍没有得到根本性好转。据《2014北京市环境状况公报》显示,PM2.5、二氧化氮、可吸入颗粒物、二氧化硫四项监测污染物中,PM2.5平均浓度超过国家标准1.45倍,二氧化氮平均浓度超过国家标准42%,可吸入颗粒物(PM10)平均浓度值超过国家标准65%,仅二氧化硫浓度均值达到了国家标准。2014年北京市马拉松比赛遭遇雾霾天气,被国内外媒体广泛报道。事实上,严重的空气污染正促使外国人离开北京,由此大大增加了公司招募国际人才的难度。外媒一致认为雾霾将可能成为导致北京国际吸引力下降的"罪魁祸首"。

第四,交通拥堵。经济发展,人口膨胀给北京市带来了巨大的交通压力。2014年末北京市机动车保有量达到559.1万辆,居全国首位。2015年第二季度,北京市再次蝉联全国重点城市拥堵排名榜首,严重拥堵天数比2014年第二季度增加29天,平均拥堵延时指数上升约10%。北京市西二环路成为第二季度全国拥堵最严重的一条道路,严重拥堵时长达702小时,每天都有将近8小时处于严重拥堵中。北京居民高峰时间每出行1个小时,就有32分钟耗费在严重堵车上,按北京市月平均工资6463元计算,每次因拥堵造成的时间成本就是19元,一天两次出行付出的成本就接近40元。交通拥堵推高生活成本,给人们的生活带来了极大的不便。

（2）河北省的"灯下黑"问题。一般情况下，以城市为单位配置产业，会造成各个城市产业结构雷同、职能相似，形成"大而全""小而全"的局面。京津冀的情况则更为特殊，北京承载了过多的行政职能，像抽水机一样不断汲取周边的养分，优质产业在布局上优先考虑北京市，医疗、教育、科技、文化等领域的制高点都"盘踞"在北京市，使北京市堆积了过多的优质资源，全国各地的人才都往北京挤，距离北京市最近的河北省则错失了发展机会，面临"大树底下不长草"的窘境。

河北省环京津地区形成了一圈贫困带，经济发展的质量效益不高、产业结构相对低端，主要产业是钢铁、建材、化工等重工业，资源利用粗放。这些产业越发展，消耗资源越多，造成的污染越大：在京津冀区域每年的燃煤量中河北省消耗占80%，北京市占7%，天津市占13%，以致河北省的重工业成为导致北京雾霾的一个重要原因。

综上所述，各自为政的决策方式导致北京市、天津市与周边城市无论是在经济发展还是社会发展上都没能实现双向共赢，也不利于城市之间的功能互补和城市经济发展空间的优化配置。合力效应的缺失直接带来区域范围内人力、财力、物力等要素资源的大量内耗，从而导致大都市圈内城市经济体系整体功能"1+1＜2"的效果，规模经济和范围经济效应难以形成。北京市存在的"大城市病"，河北的产业转型，都要求京津冀必须通盘考虑，协同发展。

2. 京津冀产业协同存在资源基础

夏安桃等（2003）认为，城市社会经济结构以及人文类型的多样性塑造出许多异质性特征，大都市圈中的城市彼此都存在差异和不协调，而这些差异和不协调的存在恰恰是整合的内在基础①。北京市、天津市和河北省本身就具有极强的

---

① 夏安桃，许学强，薛德升. 中国城乡协调发展研究综述［J］. 人文地理，2003（18）.

差异性，在京津冀协同发展战略中，再次明确了各自定位——北京市为"全国政治中心、文化中心、国际交往中心、科技创新中心"；天津市为"全国先进制造研发基地、北方国际航运核心区、金融创新运营示范区、改革开放先行区"；河北省为"全国现代商贸物流重要基地、产业转型升级试验区、新型城镇化与城乡统筹示范区、京津冀生态环境支撑区"。区域整体定位体现了三省市"一盘棋"的思想，突出了功能互补、错位发展、相辅相成的合作关系。城市属性和定位的差异以及京津冀城市圈内的各城市在资源禀赋、劳动力丰缺程度、产业基础、经济水平、社会文化方面的差异性和互补性，为城市群产业优化与城市进化协调提供了前提与基础。

3. 京津冀产业协同带来正外部性

"大都市圈发展"是组团式的发展模式，即弱化行政区经济，强化经济区经济，利用聚集经济和规模经济的原理，充分发挥圈内大、中、小城市的资源优势，实现资源共享、优势互补的目标。大都市圈的整体发展可以克服单个城市在发展过程中的不足，实现产业结构的合理布局。同时，大都市圈的协调发展还可以使内部各等级城市承担不同的经济功能，从而实现各产业在不同功能城市间的合理分工（刘翠兰，2002）[①]。就京津冀城市圈而言，产业协同发展可以有效解决北京市的"大城市病"问题与河北的发展滞后问题。

（1）解决北京市的"大城市"病问题。理论上，如果一个地区的城市体系发育比较成熟，各不同阶层等级以及空间网络分布结构比较合理，城市之间相互依存，彼此间的福利差异比较小，"大城市病"的"发病"概率就会降低；反之，如果城市体系不成熟，核心城市"一城独大"，优势过于明显，而其他城市条件相对落后，就难免加剧核心城市的"大城市病"问题。京津冀协同发展过

---

① 刘翠兰. 我国城市化发展的新趋势——组建大型城市群［J］. 城乡建设，2002（10）.

程中城市之间基础设施的统筹规划与合理布局，城市圈内以实现整体功能的放大和资源要素的优化组合配置为目标的产业分工将有效助推河北省和天津市的经济发展，减小区域内部的发展差异，从而有效减轻北京市的负担，缓解"大城市病"的问题。随着央企总部及其下属单位、医院、高校以及部分科研单位的外移，京津冀城市圈中各城市将逐渐实现发展的均衡化，将有助于人口双向流动而不再是一味向北京迁移，实现人口空间布局的均衡化，解决北京市人口过多、资源短缺、交通拥堵的问题。京津冀城市圈各城市在资源开采、环境治理和生态保护等方面的互相协调，将有助于逐步淘汰落后产能，控制区内工业排放，实现区域经济增长、社会进步与生态资源环境之间的协调与可持续发展，逐步解决环境污染问题。

（2）解决河北省的发展问题。京津冀协同发展有助于加强各次级地区之间的战略协调，扩大地区间合作，实现区域间良性互动，提高区域整体竞争优势，实现基本公共服务均等化，逐步缩小地区居民享受的生活福利水平差距，为破解地区经济发展差距、公共资源配置不均衡、资源环境制约等难题提供开锁的"钥匙"。完善的城市群形态，将有效优化生产力布局和空间结构，打造具有较强竞争力的世界级城市群，引领经济发展新常态，全面对接"一带一路"等重大国家战略，增强对环渤海地区和北方腹地的辐射带动能力。在此过程中，河北省各城市将面临转型升级的重大机遇，为产业升级与功能转变奠定基础。

四、京津冀信息服务业协同发展的必要性

信息服务业是利用计算机和通信网络等现代科学技术对信息进行生产、收集、处理、加工、存储、传输、检索和利用，并以信息产品为社会提供服务的专

门行业的综合体，指服务者以独特的策略和内容帮助信息用户解决问题的社会经济行为。从劳动者的劳动性质看，这样的行为包括生产行为、管理行为和服务行为。其产业价值链包括用户、运营商、设备制造商、软件开发商和内容提供商等多个环节，涵盖制造业和服务业两大领域。开展信息服务包括五个基本要素：信息用户、信息服务者、信息产品、信息服务设施、信息服务方法。信息服务业是信息资源开发利用，实现商品化、市场化、社会化和专业化的关键，其发展得益于产业价值链中各环节的相互推动、市场需求量的不断扩大和规模经济情况下服务提供成本及用户使用成本的降低。

2015 年 4 月，中共中央政治局和国务院先后通过了《京津冀协同发展规划纲要》（以下简称《纲要》）。《纲要》定位京津冀地区未来发展为以首都北京为核心的世界级城市群，京津冀三地作为一个整体协同发展，要以疏解非首都核心功能、解决北京市"大城市病"为基本出发点，调整优化城市布局和空间结构，构建现代化交通网络系统，扩大环境容量生态空间，推进产业升级转移，推动公共服务共建共享，加快市场一体化进程，打造现代化新型首都圈，努力形成京津冀目标同向、措施一体、优势互补、互利共赢的协同发展新格局，是继实施"珠三角""长三角"发展战略成功实现中国经济的第一次、第二次腾飞后，致力于推动中国经济第三次腾飞的重大国家战略。同年 10 月 20 日，根据《纲要》中打造"京津冀协同创新共同体"的建设目标，由河北大学倡议，经北京大学、南开大学、河北大学三校友好协商，联合组建"京津冀信息服务协同创新共同体"。

从以上所述得知，在当今社会中，信息服务业的发展不仅是一个行业、一个产业的问题，它更关系到国民经济与社会发展的全局。信息服务业已成为当今世界信息产业中发展最快、技术最活跃、增值效益最大的一个产业，对经济的促进作用十分强大，并且有利于资源的合理流动以及新技术的快速推广。信息服务业的发展还有利于加快技术创新的速度，减少投资的浪费，引导市场竞争向有序化方向发展。

京津冀协同发展战略为三地信息服务业的发展指出了明确的道路。目前，京津冀地区信息服务业正处于起步阶段，尚未成熟，需要借鉴"长三角""珠三角"的信息服务业一体化的成功案例，积极落实《纲要》的指导思想，在资源共建共享、协同服务创新、专业人才培养、事业发展规划等方面，推动信息资源发展，提高学科服务能力，积极探索新型合作模式，使京津冀地区的信息服务产业迅速成长，蓬勃发展。

五、京津冀信息服务业协同发展的可行性

在当今世界，信息与物质、能源一起构成了人类生存和社会发展的三大基本资源。21世纪以来，信息服务全面渗透到经济和社会发展的各个领域，软件技术创新不断深化，商业模式加速变革，产业格局深刻调整，为我国信息服务业的发展创造了重要战略机遇。在实施"人文北京、科技北京、绿色北京"战略，建设"世界城市"的历史进程中，信息服务业作为重大战略性支柱产业，对京津冀提升自主创新能力，促进经济发展方式转变，加快经济结构调整，发挥了核心支撑和高端引领作用。

京津冀地域相连、城市定位差异化明显、产业结构互补性明显，在协同发展的大背景下，信息服务业的协同发展在经济、政策、科技、文化等方面都具备坚实的基础，在空间布局、产业配套、资源共享、公共服务协作等方面具备理论可行性。信息服务业协同发展不仅有利于缓解北京市中心城区的人口压力、资源压力与环境压力，而且有利于发挥区域内各城市的优势，结合主导产业，形成差异化发展定位，降低区域间的竞争，提升区域信息服务业的运行质量，形成信息服务业在京津冀大区域内的良性循环，实现部分之和大于整体的效果。

1. 京津冀信息服务业协同发展实现规模经济

对大多数行业的生产来说，只有扩大规模，才能收到规模经济的好处，同样，信息服务业规模经济指的是随着信息服务产业经济活动规模的扩大，每个信息服务企业的平均成本不断降低、收益不断提高的过程。信息服务行业是一个规模经济效应明显的产业，即当信息服务活动达到一定规模时，收益增加的比率要大于信息生产要素投入的比率，所以与其他产业一样，信息服务业也有着规模扩张的内在需要。信息服务业的规模化过程是一个市场竞争力不断提高、资本有机构成不断提高、信息服务企业整体管理水平和经营能力不断提高的过程，其能够使信息服务业的经济效益和外部环境发生改变。

日益激烈的市场竞争要求信息服务企业提高生产要素的流动速度，不断地扩展业务范围，实现多样化的经营运作，实现企业资源的高效配置。如果能够依靠规模经济率先抢占领导地位，则可以利用雄厚的实力进一步巩固自己的市场占有率和竞争实力，而一旦错过规模经济的好处，则很容易在市场竞争中处于劣势。以规模经济追求市场利润最大化是信息服务业采取规模战略的内在动因，来自同业市场上的激烈竞争则是规模扩张战略的外在动因。京津冀协同发展恰恰给信息服务业规模化提供了契机。把京津冀看作一个整体，在区域内对信息服务业进行统筹布局，一方面有助于信息服务企业更有效率地使用公共基础设施和上下游产业配套资源，降低成本，提高效率，形成圈内产业功能的互补，构成圈内的自组织经济体系；另一方面有助于整合京津冀的其他配套资源，打包参与市场竞争，在参与国际竞争时，显示出较强的整体实力。

2. 京津冀信息服务业协同发展实现优势互补

北京市、天津市和河北省的信息服务业资源基础各具特色，京津冀信息服务业协同发展将有效促进京津冀信息服务业在服从和服务于区域整体定位的基础上，根据自身特色和比较优势，寻求差异化定位，承担相应的信息服务职能，实现优势互补。

（1）北京市的信息服务业特征。从功能定位上来看，北京市的城市功能定位是全国政治中心、文化中心、国际交往中心、科技创新中心，实施人文北京、科技北京、绿色北京战略，突出高端化、服务化、集聚化、融合化、低碳化。属于典型的"知识型＋服务型"城市，在高端服务业、高新技术产业和文化创意产业等方面具有明显优势。

从信息服务业自身发展水平来看，北京市具备良好的基础。首先，北京市信息服务专业程度很高，规模优势非常明显，且专业程度还在不断提高，产业规模也在持续扩大。其次，北京市信息化基础环境投入力度大，基本为全国平均水平的3倍，北京的固定电话普及率、移动电话普及率、互联网普及率均为全国平均水平的2倍左右。最后，就科研经费投入的比重，北京市优势最为明显，研究与开发（R&D）经费投入占生产总值（GDP）的比重为全国平均水平的3倍，地方政策明显向科研倾斜，对信息服务业中高科技行业的发展较为有利，且创新能力尤为突出。

京津冀信息服务业协同发展，有利于缓解北京市的环境压力和资源压力，而且对提升北京市信息服务业的质量具有非常重要的价值。在京津冀一体化的大背景下，北京应发挥科技之都、文化之都、国际交往之都的优势，逐渐向高端转型，向"高精尖"方向发展，提升信息服务质量，扩大其对周边城市的影响力和辐射力。

（2）天津市的信息服务业特征。天津市是较早开放的沿海城市、北方重要的经济中心、国际性港口城市，是我国制造业最为发达的城市之一。在京津冀功能战略定位中，天津市定位为"全国先进制造研发基地、北方国际航运核心区、金融创新运营示范区、改革开放先行区"。目前，天津市已经形成了航空航天、石油化工、装备制造、电子信息、生物医药、新能源、新材料、国防工业八大支柱产业，未来将着力优化发展高端装备、电子信息、新材料加工等先进制造业。天津市信息服务业的发展应首先与城市定位相契合，与主导产业相结合，在发挥信息服务业集聚、辐射能力的同时，为特色产品推广、重点项目招商引资提供平台。

从专业程度上看，天津市信息服务业的专业化程度低于全国平均水平且在不断下降，产业规模在逐渐缩小，在全国处于相对劣势。从信息化基础环境来看，天津稍低于全国平均水平，需加大资金投入力度以增强其信息化基础环境优势。就科研投入来说，天津市科研投入比重相对于全国平均水平来说具有比较优势但创新能力较弱。

基于天津市在京津冀协同发展中的战略定位，综合自身产业规模、基础设施、科研投入与创新能力，天津市应当结合优势产业，打造产业名片。

（3）河北省的信息服务业特征。河北省环抱京津，地理位置独特，是京津发展的广阔腹地，从京津冀功能定位上来看，河北省定位为"全国现代商贸物流重要基地、产业转型升级试验区、新型城镇化与城乡统筹示范区、京津冀生态环境支撑区"。就目前的发展水平来看，河北省第三产业发展较京津滞后，在未来的发展阶段，需借力发展。河北省具有得天独厚的容纳和对接京津服务外延扩散的空间，应当将信息服务业作为服务业的发展重点。信息服务业的发展有助于河北省在加快京津冀产业融合与协同发展过程中更好地承接产业转移，明确自身定位。

从专业程度上看，河北省信息服务业的专业化程度低于全国平均水平且在不断下降，产业规模在逐渐缩小，在全国处于相对劣势。从信息化基础环境上看，河北为全国平均水平的1/3，需要积极推进基础设施的建设，扩大网络覆盖面积，同时调整资金投放的方向，以完善信息服务业发展的基础环境，缩小同京津的差距。就科研经费投入比重上来说，河北研究与开发经费的投入占生产总值的比重仅为全国平均水平的一半，严重抑制了河北省信息服务业中高科技行业的发展，束缚了河北省信息服务业的整体发展水平和创新能力。

未来河北省一方面将通过承接京津信息服务业、开发自身品牌等手段解决竞争力不强、国际化程度不高、专业化程度不够的问题，不断实现信息服务业的跨越式发展；另一方面河北省钢铁、石化、新能源、电子信息、生物医药等先进制造业的进一步提质升速将与现代服务业的发展相互融合，形成良性互动，催生巨大的生产性服务需求，以此为契机，河北省有条件打造一批依托特色产业的信息服务业。

综上所述，天津市和河北省在地理位置、交通设施等方面具有承接北京市信息服务业的条件，京津冀信息服务业的长远发展应通盘考虑。北京市、天津市和河北省应当进一步明确功能定位，充分发挥各自比较优势，调整优化区域生产力布局，加快推动错位发展与融合发展，创新合作模式与利益分享机制，在有序疏解北京非首都功能的进程中实现信息服务业的良性互动，树立名品、精品意识，集京津冀三地之力，打造优秀信息服务业。同时，三地的信息服务业结构较为雷同，因此可以从三地各自的优势和不足入手，结合自身发展的实际情况，采取差异化融合发展的策略，提高区域信息服务业整体发展水平。

3. 京津冀信息服务业协同发展降低交易费用

如前所述，从制度经济学来看，交易成本是为达成一项交易所要付出的时间、精力和财力。在市场交易活动中，信息是一种稀缺资源。交易双方获取市场信息的成本，是交易成本的最主要组成部分。在传统经济模式下，企业必须在大范围内搜寻可交易对象，其成本包括搜寻成本和对搜寻到的企业进行资历及可信任度的调查所要付出的成本。从交易的效率来看，搜寻对企业是有利的，搜寻的次数越多，规模越大，越能减少企业的有限理性及信息不对称带来的弊端。但是，这种搜寻是要付出代价的，搜寻信息要花费的时间、精力和各种费用构成了企业的交易成本。信息服务业对参与者——供应商、专业机构和观众来说同样存在这样的问题，他们需要去搜寻信息，并对服务的质量与层次做出判断，这一过程需要花费相当的成本。

京津冀信息服务业协同发展将有助于通过规模效应和统筹规划实现对品牌重复这一顽疾的整治，从而降低交易费用。中关村电子商务、互联网金融、数字制造、文化创意、智慧城市、科技服务等现代服务业，产业形态集中在基于软件技术的研发设计和商务销售等高附加环节。在电子商务领域，聚集了京东商城、当当、聚美优品等领军企业，B2B、B2C、电子支付等领域引领全国创新发展。在影视文化领域，集聚了乐视、爱奇艺、优酷等一批创新能力强的影视内容、数字音视频技术、设计服务提供商。面对如此密集的同类型信息服务品牌，企业在获取信息，辨别品牌优劣，决策购买与否等过程中耗费更多的时间、精力甚至金钱，许多人对于购买何种品牌难以选择。

京津冀信息服务业协同发展将在实现信息服务业规模经济的同时，实现信息服务业在区域内的统筹布局，有效克服同一行业多品牌的弊病，降低参与者的信息搜寻与质量鉴别成本，助推信息服务业扩张，使信息服务市场有序发展。

4. 京津冀信息服务业协同发展提高区域就业率

信息服务业是知识密集型、劳动密集型产业，其发展对提升劳动力整体素质、优化就业结构、缓解就业压力、提高整个社会的就业水平有极大的促进作用。随着信息服务业的规模扩大，吸引的人才增加，有力地为就业问题的解决做出显著贡献。

第二章

京津冀信息服务业空间布局协同性研究

一、京津冀信息服务业空间布局的理论研究

关于信息服务业空间问题的研究主要是源于信息服务市场不可存在竞争性均衡，而信息服务失衡又将导致新的区域隔离。哈代（Hardy P.，1999）认为，信息服务受经济发展、知识水平、基础设施等因素的影响，具有明显的区位特征。卡斯泰尔（Castells M.，2000）认为，不断强化的社会和空间极化现象是信息经济的内在组成部分，信息经济有助于政治民主化和经济自由化，但是，空间发展的不平衡性却会严重阻碍这种效能的发挥。古什（Guasch J. C.，2007）通过评估得出"互联网的用户分布与其一般性的经济增长业绩相关，互联网的空间结构与城市体系高度吻合"的结论。布鲁尔（Brewer E.，2005）、格瑞拜斯克（Grubesic T. H.，2003）则认为，信息网络对于核心城市的重要性具有强化作用，有可能拉大核心区与外围区的差距。马勒茨克（Malecik E.，2002）认为，

信息设施与服务具有大都市偏好。《中国统计年鉴》（2003）将信息服务业录入其中，相关研究正式展开。由于中国信息化存在各种各样的数字鸿沟，因而，学术界对信息服务业的空间问题开始给予关注。孙中伟、路紫（2009）通过测算认为，在世界范围内，互联网信息流的空间格局呈现出以美国为中心，欧盟和东亚为两翼的"中心两翼"的空间形态。徐盈之、赵玥（2009）借助计量方法，认为信息服务业全要素生产率的变动存在明显的区域差异，技术进步是影响差异的主要原因。姚莉媛、任英华（2010）采用空间计量模型对中国信息服务业的技术效率进行评估的结果表明，中国整体信息服务业技术效率低下，地区之间的差异较大，人力资本、产业集聚度、全员劳动生产率和对外开放度对信息服务业技术效率影响显著。

近年来，中国信息服务业发展迅速，特别是宽带数据业务与移动网络终端、软件及系统集成服务、信息技术服务、网络及数字增值业务等现代信息服务业已成为新技术、新业态、新方式的代表产业。信息服务业的空间布局与资源配置的研究方兴未艾，研究的层次、手段、方法目前尚不能满足中国信息服务业科学发展的需要，因而，需要进行系统的研究，其中包括对信息服务业空间格局的评估，因为它是因地制宜布局信息服务业的基础，由此也能更好地提出京津冀信息服务业协同发展的良好对策。

二、京津冀地区信息服务业布局现状

1. 京津冀地区信息服务业整体发展现状

（1）北京市发展现状。自 2007 年以来，北京市信息服务产业的规模大幅增长，据统计，北京市 2007~2015 年信息服务业增加值从 825 亿元上升到 2194.8 亿元，并呈现出稳步上涨的趋势。从表 2-1 中可以看出，北京市四个区域 2009~2014 年的信息服务业的增加值基本都处于上升趋势，而且全市整体水平实现了 2 倍增长，其中，城市功能拓展区发展最快，大概占到全市比重的 70%，而生态涵养发展区虽有小幅上涨，但发展水平有限。

表 2-1   北京市各行政区域 2009~2014 年信息服务业增加值

单位：亿元

区域＼年份	2009	2010	2011	2012	2013	2014
首都功能核心区	208.9	221.1	259.7	250.9	275.3	302.6
城市功能拓展区	704.2	837.1	1062.8	1189.3	1337.8	1488.4
城市发展新区	38.2	40.4	47.3	50.6	55.1	61.4
生态涵养发展区	0.5	0.5	0.9	0.9	1.0	1.1

（2）天津市发展现状。2012 年，天津市信息服务业增加值实现 176.61 亿元，在 2006 年 84.5 亿元的基础上增长了一倍，年均增长率达到 13.11%，占服务业比重达 2.9%。天津市在软件服务业与通信服务业方面优势明显。

目前，天津拥有被国家认定为"国家火炬计划软件产业基地"的华苑软件园区，还拥有六大创业孵化基地之一的天津泰达软件园，已经有美国的 IBM 公司、飞思卡尔公司等知名企业入驻。同时，政府为吸引更多的投资者，对软件企业实施了优惠政策。此外，天津还有武清科技软件园区，其拥有便利的交通和优越的发展环境，一共引进了 700 余家国内外知名企业，总投资额高达 300 亿元，极大地推动了天津信息服务业的发展。

移动通信行业也是天津市的支柱产业之一，天津通信产业园就是国家首批电子信息产业园区。由于天津市独特的地理位置和政府的支持鼓励政策，使该园区吸引了支撑天津通信业发展的龙头企业：摩托罗拉（中国）电子有限公司和三星电子的入驻，并由此产生了良好的产业聚集效果，吸引了众多关联企业踊跃入园，使其拥有了逾 200 家配套企业，形成了国内较为完善的通信行业的产业集群，对天津市的产业布局起了良好的影响作用。

（3）河北省发展现状。近些年，河北省信息服务业发展迅猛：在软件与信息技术服务业方面，建设并形成了石家庄市、廊坊市、张北县、承德市、秦皇岛市等一批软件与信息技术服务基地，2014 年软件业完成主营业务收入 218.12 亿元，比 2010 年增长了 34%，2015 年 1～11 月完成主营业务收入 205.3 亿元，同比增长 27.3%。信息资源开发利用逐步深入。2015 年，省政府出台《政务信息资源共享管理规定》，规范了政务信息资源共享。依托省信息交换与共享平台，建设了全省企业基础信息共享系统，形成了全省统一的企业基础信息库，公安、住建、计生、税务、工商、质监等部门利用信息交换与共享平台，开展了部门间的信息共享和数据挖掘工作，并取得明显成效。

2. 京津冀地区信息服务业发展存在的不足

北京市信息服务业目前较为突出的问题就是区域发展不平衡。城市功能拓展区凭借其聚集的人才资源优势以及中关村软件园、上地科技园区等几个发展迅速的信息化园区，信息服务业增加值占全市的 70%，而发展最落后的生态涵养发展区基本维持在 1 亿元的增加值，其余两个行政区信息服务业的发展也很缓慢。

天津市的信息资源局限性较大，共享程度低，缺乏一个比较完善的信息平台以帮助企业获取行业信息。另外，管理体制不够完善，缺乏相应的监管机构。相比于北京市，天津市的信息服务业在第三产业中贡献较低，专业化程度有待提高，近年来人才外流现象也很严重。但固定资产投入相对于全国平均水平来说具有比较优势，未来发展前景良好。

河北省的信息服务业规模有待提高，对推动产业结构升级、发展方式转变、区域产业一体化的支撑作用得不到充分发挥。另外，河北省产业创新能力不强，总体研发投入水平较低，基本处于产业链和价值链的低端，产品和服务同质化现象严重，重点领域产品档次不高、附加值低、知名品牌偏少，缺乏龙头企业带动上下游产业发展。产业发展环境不够完善，投融资机制亟须加强，信息基础设施建设亟待改善。

就整个京津冀地区而言，三地功能区划分不明显，尤其是河北省与天津市，产业结构差异指数近乎为零，这种同构现象将导致三地在信息服务业发展中的互补性大为削弱。目前京津冀三地一体化还不完善，其合作性与互补性有待加强。

三、京津冀地区信息服务产业发展条件

1. 资源因素

资源因素有以下两点：

第一，核心资源。信息服务业需要利用现代信息技术，对信息进行生产、收集、处理、输送、存储、传播、使用并提供信息产品和服务。由此看来，经济基础为信息服务业的研究提供经费和设备，使科技研究得以进行，而高技术产业研究开发费用一般较高，因此经济水平是信息服务业发展的首要核心资源。其次，基础设施也尤为关键，由于信息服务业的高科技性，其对现代基础设施建设要求较高，基础设施状况在一定程度上影响并制约着信息服务业的发展，如互联网普及率、手机普及率等。最后，由于更新信息技术需要扎实的专业知识，从业人员具有高水平的知识和技能也是必不可少的。

第二，支持资源。信息服务业的支持资源包括信息技术升级、相关支持产业、目的地整体环境，其行业具有产品更新换代周期较短、市场技术更新快、技术继承性的特点。每一次技术创新和技术进步都持续推动行业发展。首先，系统软件的更新换代、中间件技术和数据库技术的推陈出新、新的开发平台和开发思想日益涌现都在某种程度上提高了行业的技术水平，进而推动软件产品和服务的不断升级；其次，传统文化、娱乐等产业是确保信息服务业平稳运营的支持产业，其有利于信息服务产业的发展；最后，目的地整体环境包括信息服务业聚集地的基础设施、目的地可达性、服务质量、安全性、城市形象等，其整体的优劣也影响着信息服务产业的发展。

2. 管理因素

管理因素主要是指目的地管理。目的地管理是指可以提高信息服务业核心资源的吸引力，增强支持资源的质量和效率、适应由于条件因素所带来限制的那些因素，包括目的地管理组织的活动、目的地营销管理、目的地政策、计划和法规、人力资源发展、环境管理等。目的地管理分为政府管理和产业管理。

第一，政府管理。政府管理包括对信息服务业制定支持政策，如财政、税收支持政策、对人力资源发展的支持政策、信息的采集和发布政策、制定信息服务产业发展战略以及互联网金融营销方案等。我国政府高度重视信息技术服务业的发展。自 2000 年开始，国务院相继发布了《鼓励软件产业和集成电路产业发展的若干政策》《电子信息产业调整和振兴规划》《进一步鼓励软件产业和集成电路产业发展的若干政策》等鼓励政策，为行业的硬件、软件发展均提供了政策扶持和保障；工信部相继编制了《软件与信息服务业"十一五"专项规划》《信息产业"十一五"规划》《软件和信息技术服务业"十二五"发展规划》《国家电子政务"十二五"规划》等发展规划，为信息服务业的发展指明了方向。2014年，在北京市政府工作报告中明确提出了北京市"全国政治中心、文化中心、国际交往中心、科技创新中心"的新的核心功能定位，"优化三次产业结构，突出高端化、服务化、集聚化、融合化、低碳化"，以及"加强环渤海和京津冀地区的协同发展"重大战略布局，习近平总书记更是将京津冀一体化协同发展提升到国家战略层面；税收优惠方面，国家对软件企业和国家规划布局内重点软件企业的认定以及相关税收优惠政策的出台，大大减轻了行业内企业的税负，支持了企业的研发和扩大再生产。

第二，产业管理。产业管理包括行业协会、产业融入、目的地营销项目资金、产业培训项目等。行业协会在行业管理、政府和企业之间的信息沟通、行业自律、项目评估、人才培训等方面均发挥了积极而重要的作用。

3. 条件因素

条件因素包括运营环境和远期环境。运营环境是城市运营信息服务业的优势和能力，如人力资源、资本资源、物质基础设施、科技/技术基础设施、信息等因素，与产业结构、企业行为和企业绩效有关，与信息服务业产地及支持互联网推广的能力相关，是一个城市发展信息服务业的基础。远期环境包括那些在目的地之外的并限制组织管理者战略选择的条件，如汇率变化、政府财政政策、世界经济条件等。总体来说，条件因素是信息服务业运营的大环境和远期环境，很难对其进行量化，但往往是这些条件因素形成了信息服务业非常重要的城市竞争力。

4. 需求因素

目的地需求创造条件对于形成信息服务业的竞争力至关重要。需求创造条件指的是城市为信息服务业创造需求，包括当地的和国际的。首先，国内信息服务技术当地需求是信息服务业发展的必要条件，因为当地需求是对信息服务业设施和服务的基本消费。其次，国际市场需求对国内信息服务业形象和知名度的提升具有重要作用。

四、京津冀地区信息服务产业空间布局协同发展研究

1. 城市的功能和会展产业定位

京津冀地区城市功能定位和信息服务产业定位首先要看北京和天津这两个直辖市的定位。城市发展会展产业的定位要根据城市功能定位来确定。

（1）功能定位。2014 年 2 月底，习近平总书记考察北京时提出"四个中心"，即首都核心功能是政治中心、文化中心、国际交往中心、科技创新中心。根据京津冀一体化纲要，天津定位为全国先进制造研发基地、北方国际航运核心区、金融创新运营示范区和改革先行示范区；河北定位为全国现代商贸物流重要基地、产业转型升级试验区、新型城镇化与城乡统筹示范区、京津冀生态环境支撑区。

总体来说，北京的城市功能定位是"四个中心"，天津的城市功能定位是"一个中心（经济中心）"，而河北省各个城市的功能定位则是配合实现北京和天津的功能，不同城市的功能具体见表 2 - 2。

表 2 - 2　京津冀地区城市功能定位

序号	城市	城市功能	信息服务业定位
1	北京市	国家首都、政治文化和国际交往中心，国家科技自主创新中心，现代服务业、文化创意产业、高科技研发业发达的国际大都市	高科技国际型的综合性信息服务城市

续表

序号	城市	城市功能	信息服务业定位
2	天津市	我国北方经济中心，北方国际航运中心，现代物流中心和世界级现代制造业基地、重化工产业基地，服务业发达，环境优美的国际港口城市	国际型综合性信息服务城市
3	保定市	京—保—石现代制造业产业带上的重要节点城市，京津冀城市群现代制造业产业、华北腹地经济发展的领头羊，疏解北京城市功能的次中心城市	信息传输服务城市
4	廊坊市	京津冀产业带上的主要节点城市，京津高科技产业生产基地，服务业发达，环境优美的旅游会展城市，疏解京津城市功能的卫星城市	信息传输服务及信息技术服务城市
5	唐山市	我国北方重化工产业基地，京津冀城市群主要重工业产品和能源供应基地，石油、铁矿石运输枢纽城市	信息传输服务城市
6	沧州市	京津冀滨海临港重化工产业带南部节点城市，以石油化工、盐化工为主的重工、化工产业基地，公路、铁路枢纽城市，冀中南、晋陕蒙部分地区最经济、最便捷的出海口	信息传输服务城市
7	石家庄市	华北连接中原、华南地区的交通枢纽，以医药、纺织业为主导产业的现代制造业基地，华北南部的商贸物流中心和区域经济中心	综合性信息服务城市
8	衡水市	京津冀区域交通物流枢纽、绿色农产品供应基地、京津生态屏障保护基地、京津技术成果转化基地、京津教育医疗、休闲养生功能基地	信息传输服务及信息内容服务型城市
9	张家口市	京津冀城市群连接东北、西北区域的交通枢纽，京津冀城市群的重要生态屏障和水源涵养地，京津冀绿色生态农业和清洁能源基地	信息内容服务型城市

序号	城市	城市功能	信息服务业定位
10	秦皇岛市	全国著名的滨海旅游、休闲、度假胜地，国家级能源输出港和北方地区重要的出海口岸，京津冀滨海临港产业带北端节点城市，京津冀城市群生态屏障的组成部分和未来高新技术和高档居住扩散地之一	信息传输及信息内容服务型城市
11	承德市	世界闻名的以中国皇家园林为特色的旅游休闲城市，京津冀区域水源涵养地，京津冀绿色生态农业和清洁能源基地	信息传输服务及信息内容服务型城市

（2）信息服务产业定位。信息服务业是指以信息资源为基础，利用现代信息技术，对信息进行生产、收集、处理、输送、存储、传播、使用并提供信息产品和服务的产业。信息服务业能够促进各行业的技术进步和效率的提高，在转变经济发展方式、带动产业升级、增强产品竞争力等方面有着非常重要的作用，是现代产业群中具有相当发展潜力的新兴产业。根据信息服务业的概念和活动性质，将信息服务业划分为信息传输服务、信息技术服务和信息内容服务三大领域。各城市可根据自身条件着重发展其中一部分，也可建设为一个综合性的信息服务城市。

1）北京市。总体来说，信息服务业对北京"四个中心"的功能定位都有促进作用。从《我国现代信息服务业综合评价结果》来看，北京包括综合得分、发展规模、经济效益、社会贡献排名均位列全国首位。北京拥有丰富的人才、科技、信息与市场等战略资源，其现代信息服务业的发展始终处于全国领先水平。

从全国角度来看，北京市基础设施配置完善、软硬件设施均衡发展，北京第三产业规模大、比重高、效益好。2012 年第三产业增加值已分别是天津市、河北省的 2.3 倍、1.5 倍，投资和从业人员比重分别达到 86.6% 和 75.6%，其聚集了全国各地区的优秀人才资源和国内外先进企业。大量的资源涌入，既创造出北京遥遥领先于其他城市的优势，也造成了优秀资源的浪费及分布不均衡。据统计，北京市的优势行业在于金融服务、信息服务、商务服务和科技服务，这些行业占北京地区增加值的比重均超过了7%。至2015年12月，信息技术服务相关企业单位个数已达到2683个，虽然比同年1月有所减少，但仍旧处于领先位置。因此，在北京"四个中心"功能定位的前提下，北京在发展时应利用自身高新技术产业的优势将重点放在信息技术服务上面，而把信息技术服务及信息内容服务产业逐渐疏解到天津市、河北省的部分城市。北京发展信息服务业时应定位于高科技国际型的综合性信息服务城市。

2）天津市。北京"四个中心"中没有经济中心，天津则定位于我国北方经济中心、北方国际航运中心、现代物流中心和世界级现代制造业基地、重化工产业基地，是服务业发达，环境优美的国际港口城市。根据城市功能定位的经济发展、交通运输、产业基地等良好基础设施，天津在发展会展产业时应定位于国际型综合性信息服务城市。

3）河北省各市。在上述信息服务业发展条件的分析中已经说明，信息服务业在城市发展的条件更注重经济、技术和产业的发达程度。根据表2-2中河北省各市的功能定位来选择信息服务业定位，适合发展信息传输服务业的有保定市、廊坊市、唐山市、沧州市、石家庄市、衡水市、秦皇岛市及承德市；适合发展信息技术服务业的有廊坊市、石家庄市；适合信息内容服务业的有石家庄市、衡水市、张家口市、秦皇岛市、承德市。各城市在发展信息服务业时应根据自身的技术能力、产业基础和经济发展状况来确定优先选择的服务项目。

张家口市：依托构建京、冀、晋、蒙交界区域中心城市的契机，结合坝上草原、塞上冰雪等自然风光和新能源、装备制造、农副产品加工、休闲旅游、现代物流等产业优势和丰富的历史文化内涵，配合2020年北京—张家口冬奥会的举办，发展信息内容服务业，无论是互联网、电信还是刊物出版、广播电视产业等，都有极大的发展空间。

保定市：作为现代制造业产业带上的重要节点城市，京津冀城市群现代制造业产业、华北腹地经济发展的领头羊，疏解北京城市功能的次中心城市，具备科技化的发展基础。

廊坊市：廊坊应充分发挥环京津的区位优势，加强与京津会展业的交流与合作，作为京津高科技产业的生产基地，应在信息传输服务及信息技术服务方面积极承接京津信息服务项目的疏解。

唐山市：作为京津冀地区工业产品的主要供应基地，是具有百年历史的重化工业城市，是中国近代工业发祥地之一，被誉为"中国近代工业的摇篮"。经过百年发展，已形成钢铁、能源、建材、化工、机械、陶瓷等支柱产业，是国家重要的能源、原材料基地。

沧州市：充分发挥沿海临港优势，结合自身石油化工、装备制造、冶金建材、临港物流等产业实际，组织其在机械加工、冶金铸造、石油化工、五金工具、电线电缆等方面的展会，增进国际交流，打造出信息传输服务的明星城市。

石家庄市：石家庄经济依托于总部经济、文化旅游、商贸物流、生物医药、装备制造、电子信息、纺织服装、现代服务业等产业，应结合这些产业做强做大京津以外的又一综合性信息服务业城市。

衡水市：围绕现代农业、食品加工、精细化工、装备制造、生态旅游等产业，发展先进的信息内容服务产业。

2. 京津冀信息服务业空间布局

根据城市功能定位和信息服务业定位，京津冀的会展产业空间布局应该是"双核—多极"，其中"双核"是指"北京、天津"，多极是由河北省各市按照产业发展定位形成的各类型信息服务业城市。适合发展信息传输服务业的有保定市、廊坊市、唐山市、沧州市、石家庄市、衡水市、秦皇岛市及承德市；适合发展信息技术服务业的有廊坊市、石家庄市；适合信息内容服务业的有石家庄市、衡水市、张家口市、秦皇岛市、承德市。按照京津冀地区城市空间位置（见图

2－1），京津周边城市高新技术产业相对发达，第三产业发展较迅速，形成了一个"众星捧月"的新局势。

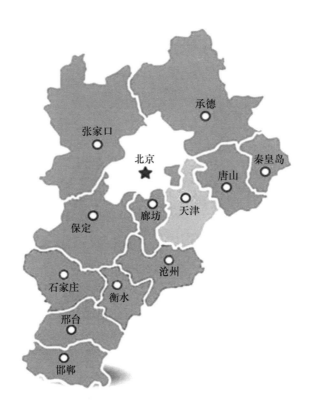

图 2－1　京津冀地区城市分布示意

3. 京津冀信息服务业协同发展的对策

（1）不断完善调整京津冀地区信息服务业空间布局。完善京津冀地区信息服务业空间布局主要考虑以下两个方面：

1）积极打造信息服务产业集群。坚持信息服务产业链发展思路，发展电信、广播电视传输、卫星传输、计算机服务、软件业、电信增值服务、互联网信息服务、新闻业、报刊图书出版、广播电视制作、电影制作发行放映、图书馆、档案馆等信息服务产业链。制定鼓励政策和相关措施，引导培育一批专业性强、服务完善的信息服务型企业向京津冀地区集中，协调好产业链间的分工与合作，在京津冀地区打造信息服务产业集群。

2）优化不同城市展览项目的空间布局。各城市应根据自己产业特点发展已有项目并培养新的项目，防止京津冀地区内不同城市之间信息服务企业间的恶性竞争。充分发挥信息服务行业协会项目协调方面的重要作用。

（2）京津冀地区整体信息服务营销。制定京津冀地区信息服务业整体营销战略。在有专门机构负责京津冀地区会展业整体营销的前提下，制定京津冀地区信息服务业整体营销战略。首先，考虑京津冀地区整体定位和不同城市的定位。京津冀地区应该有统一的地区定位（包括功能定位、技术定位、服务项目定位等），不同城市也应有各自的定位。不同城市的定位既要符合各自的特点、发展条件，又要与京津冀地区整体定位相协调。其次，加强对目标客户的研究。要对目标客户的地域特点、决策过程、采购特点等众多方面进行研究。最后，制定信息服务业整体营销战略。

（3）加强对会展业的管理。应从以下两方面加强对会展业的管理：

1）成立京津冀地区信息服务业发展领导小组。成立京津冀信息服务业发展领导小组统筹管理整个地区信息服务业的发展，定期研究协调区域内信息服务业发展中的重大事项。负责制定信息服务业中长期发展规划，对信息服务业发展提供政策支持，积极引进国外先进技术，加大政策扶持力度，调查统计发布信息服务业成果和信息等。建立科学、系统的信息服务业统计检测指标体系。

2）成立京津冀地区信息服务行业协会。成立京津冀地区信息服务行业协会，使其成为政府和企业之间的中介人，负责审定年度计划、审核企业工作内容、核查公司企业经营者能力和信誉、监督各项服务质量、整顿和维护市场秩序、培训专业人才等。

（4）注重信息服务业人力资源的培养。培养复合型信息人才。信息产业发展对复合型人才需求不断增加，其所需的是服务科学、管理与工程学科，包含计算机科学、管理学、社会和认知科学以及法学等多领域的复合型人才，其研究领域依托并服务于迅猛发展的现代服务业。如今高新技术人才多集中于北上广等一线城市，河北省的各城市政府应对行业人才分布进行政策扶持，吸引人才转移。

第三章

京津冀信息服务业
供应链运作研究

一、服务供应链概述

经济的发展从以生产制造为主逐渐转变为以服务为主，且已经成为一个普遍现象。尤其是在供应链管理研究领域，生产服务化背景下的传统产品制造供应链已不再适应供应链管理实践，学者们开始探讨以服务为主导的服务供应链（Ellram，Tate and Billington，2004；Waart and Steve，2004；Baltaciogle et al.，2007）。在服务供应链中，人力是价值传递过程的重要组成部分，由于有人力的参与，服务产出的变动性和不确定性要高于传统制造供应链，服务的效率取决于能力、资源柔性、信息流、服务绩效以及现金流的管理（Ellram et al.，2004）。与以有形产品为基础的制造供应链相比，服务供应链强调服务导向。而从有关服务的特性（Zeithamal et al.，1985；Wynstra et al.，2006）也可以看出，以服务为主导的服务供应链有别于传统的供应链。目前，有关服务供应链的内涵，大致可以归纳为三类（宋华，2012）。

第一类是将服务供应链视为供应链中与服务相关的活动和环节。爱德华等（Edward et al.，2000）认为，服务供应链中的活动不同于产品供应链，不会发生为了补充订单而增加库存的情况，企业可以通过调整服务能力来满足订单需求。华特和史蒂夫（Waart and Steve，2004）将服务供应链定义为能够支持公司产品的售后服务而对物料采取计划、挪移、维修等全部流程和活动。桑普森（Sampson，2000、2006）认为，服务供应链是双向的供应链，即客户也是供应商，并因此提出了客户—供应商二元性概念。客户—供应商二元性是指对某项服务来说，客户是服务提供过程的供应商，可以提供物料、人力、服务标准等重要的投入。这些投入包括客户本身以及他们的思想，客户的所有物及/或客户的信息。这也说明，在服务供应链中，客户的角色发生了变化，不再仅仅是产品的接受者。总体来说，这类服务供应链不是完全脱离了传统供应链，更像是包括了服务要素的供应链（Sampson and Sring，2012）。

第二类是将服务供应链单纯地归为生产性服务业或服务业务部门的供应链。杰克、凯西和埃米（Jack、Kathy and Amie，2000）把服务行业的供应链管理称为服务供应链管理。田宇（2003）提出了以物流服务供应商为主导的集成物流服务供应链模式，构造了从物流服务供应商的供应商到集成物流服务供应商，再到制造、零售企业这一模式。胡正华与宁宣熙（2003）提出，服务链是借助物流技术、系统工程以及现代信息技术等科学技术，以满足客户需求为目标，将服务的相关方面有机组织而形成的完整的服务网络。阳明明（2006）提出了港口服务供应链的定义，他认为服务供应链本质上是没有制造流程的，港口服务供应链是依托于港口，有效整合了服务供应商和客户，将正确的商品准确地配送到正确的地点，进而达到成本最优的目标。

第三类是以生产企业服务化为背景的集成服务供应链。巴尔塔哲奥卢等（Baltacioglu et al.，2007）认为，服务供应链中，服务集成供应商承担了各种服务要素整合和全程管理的角色，为了能够及时响应客户请求并为客户提供集成化的服务，服务集成商需要将客户需求逐级分解，并向其他服务供应商外包部分服务活动。宋华（2012）将服务供应链定义为以服务为主导的集成供应链，服务集成商从事服务要素、流程环节的整合和全程管理。在服务供应链中，当客户向服务集成商提出需求后，服务集成商能够立刻响应客户需求，并且向客户提供集成化的服务，也能够在需要的时候分解客户服务请求，向其他服务提供者外包部分的服务性活动，不同的服务提供者彼此合作，形成了一种供应关系。

在经历了对服务供应链的定义和内涵讨论之后，随着服务供应链实践的发展，近年来，学者们逐渐对如何实施和管理服务供应链的相关问题进一步展开探讨和研究，本章梳理了近年来有关服务供应链研究的主要文献，回顾并总结了有关服务供应链的最新研究进展。

二、服务供应链研究进展

无论是将服务供应链视为供应链中与服务相关的活动和环节，还是将其归为生产性服务业或服务业务部门的供应链，抑或将其定义为以生产企业服务化为背景的集成服务供应链，服务供应链的本质和内涵都离不开服务主导逻辑（Service-dominant Logic）和服务化（Servitization）。本章基于对近两年有关服务供应链研究的回顾与总结发现，随着服务主导逻辑和服务化的发展，有关服务供应链的研究也更为深入和细致，研究范围不仅包括服务供应链中价值创造方式的改变，也涵盖了制造企业在向服务集成商转变过程中，面临的挑战以及服务供应链运营等方面存在的问题。

1. 价值创造方式的改变

服务供应链是企业在服务主导逻辑的导向下，实施服务化战略过程中应运而生的，其反映了服务化对于企业供应链管理的要求。服务化战略需要有效的供应链管理。

市场导向使产品主导逻辑演化为服务主导逻辑：一方面，因为客户的行为发生了很大的变化，即客户不再是单纯的产品或服务的被动接受者，而是转变为产品或服务经营过程的参与者，能够积极、主动地参与到价值的协同创造中（Vargo and Lusch，2008）；另一方面，采取服务主导逻辑，也是源于企业不断提升竞争优势的必然要求，越来越多的实践和研究说明，通过服务企业能够增强其竞争优势。然而在服务主导逻辑下，交易双方交换的不再仅仅是物质和产品，而是以整合操作性资源为主的服务（Vargo and Lusch，2008）。服务不再是可以直接交换的产品，而是在客户使用过程中产生的，是服务提供商与客户协同创造的产品。这种业务导向的根本性变化要求企业重新定义所提供的产品和服务，改变其思考和工作的方式。因此，如何在有效利用被操作性资源的基础上，通过整合企业内外的操作性资源为客户提供满意的产品和服务，是企业在市场竞争中获胜的关键。有些学者（Grönroos，2008；Heinonen et al.，2010、2013；Grönroos and Ravald，2011、2014）甚至认为客户才是真正的价值创造者，企业所有的活动都是为了支持客户的价值创造流程；通过交易双方的互动，供应商也成为价值的协同创造者，在实现自身价值的同时，帮助客户完成价值创造。

服务化被认为是将服务有效地与生产相结合，进而能够创造一种可持续的竞争优势运行模式。服务化是企业由单独提供产品向提供产品和相关服务的改变，是一个价值增值的过程（Barnett et al.，2013）。采取服务化模式的企业，并不是简单地从提供产品向提供产品和服务的转变，且单纯地增加服务数量更不是服务化的本质所在，服务化本身体现了创新的特性。服务化战略的实施要求企业为了实现其目标，需要依靠多样化的利益相关者网络，采取相互关联、相互依赖的活动，这是供应商和客户持续互动的过程（Martinez et al.，2010），其在很大范围上影响了企业从生产制造到创新的整个活动。

服务主导逻辑与生产服务化概念的提出改变了对企业在整个价值链中所发挥

作用的视角，即价值创造方式的改变（Vargo and Lusch，2004、2008；Bettencourt、Lusch and Vargo，2014），这也使服务供应链凸显出区别于传统的制造供应链的特点（宋华，2012）。这种价值创造方式的改变使服务供应链参与各方在价值创造过程中所发挥的作用、参与方之间的互动关系以及资源整合方式等都有别于产品制造供应链。

耐特等（Nätti et al.，2014）探索性地研究了在进行协调创造价值中，服务提供商、服务购买方以及最终客户三者所发挥的不同作用。桑普森和斯波瑞英（Spring，2012）基于制造供应链中客户的八种传统角色，探讨了服务供应链中客户所扮演的角色，分别是部件供应商、人力资源提供方、工程设计者、制造经理、产品生产者、质量保证者、存货保管方以及竞争者。塞维瑞德斯、斯波瑞英和阿劳约（Selviaridis、Spring and Araujo，2013）采用多案例研究方法指出，服务提供商可以参与到买方服务采购需求的定义过程中，帮助买方企业明晰其服务采购需求。但是，买方对于采购服务所感知的风险以及服务提供商与买方以往的交易经历将对双方之间的互动方式产生影响，进而影响采购服务需求定义的方式以及服务提供商在整个服务需求定义中所发挥的作用（见图3-1）。

由于服务化过程本身即是不断解决短期和长期问题的反复过程。服务的价值不仅仅是服务者和客户之间的价值，而且还是所有供应链参与方资源整合以及收益与代价的平衡过程（David Ford and Stefanos Mouzas，2013）。雅科拉·叶林娜和汉凯耐·塔鲁（Jaakkola Elina and Hakanen Taru，2013）研究了在向客户提供不同解决方案的过程中，各级供应商、服务集成商以及客户之间组成了不同网络，并进一步探讨了两种不同类型解决方案形成过程的网络中各参与主体之间是如何通过互动、整合自身资源进而形成整体解决方案，并最终完成协同价值创造的。服务集成商在实现间接和直接资源与能力的整合时，不仅向客户提供基于产品的增值服务，还需要重视对供需双方互动关系的管理，在增强自身竞争优势的同时，提升服务供应商的绩效，实现服务供应链的可持续的平衡发展。考泰玛克、帕泰耐和摩勒（Kohtamäki、Partanen and Möller，2013）研究探讨了在特定

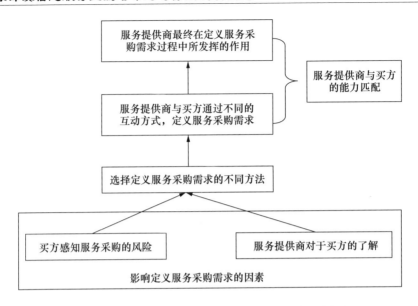

图 3 - 1　服务提供商参与采购服务需求定义的理论框架

资料来源：Selviaridis K., Spring M. and Araujo L. Provider involvement in business service definition: A typology [J]. Industrial Marketing Management, 2013, 42 (8), 1398 - 1410.

的供应商—客户关系中，供应商的研究与开发服务以及供需双方的关系资本对于供应商绩效产生的影响。研究发现，一方面，供应商的研究与开发服务对提升其绩效没有影响，但在关系资本的调节作用下，供应商的研究与开发服务能够显著提升企业的绩效；且供需双方的关系资本与供应商绩效之间也存在显著正相关关系。另一方面，服务供应链各参与方在协同创造价值过程中所能够投入的资源在某种程度上决定了其将获得的收益（Jaakkola Elina and Hakanen Taru, 2013）。因此，为了成功实现服务供应链的协同价值创造，识别和选择那些能够对产品和服务创新做出贡献的供应商，并建立长期的协作关系也是至关重要的。已有实证研究表明供应商的技术特点、供需双方的协作态度以及供需双方关系特点在一定程度上影响了其在买方产品创新过程中所做的贡献大小（Pulles、Veldman and Schiele, 2014），这为选择供应商提供了一定标准。成功的供需双方之间的长期合作关系，在一定程度上是企业的竞争优势。尤霍（Ylimäki Juho, 2014）研究指出，即使是长期的供需双方协作关系，通过有效的管理，也可以实现动态的演变，以满足不同产品联合开发的需求。

2. 制造企业向服务集成商转变面临的主要挑战

越来越多的企业采取服务化战略，从单纯地提供产品转变为服务或解决方案提供商，学者们也开始关注对企业如何成为"真正的"服务集成商的研究。在企业从单纯地制造产品转变为服务集成商的过程中，其产品和服务的角色将会发生很大变化。当企业成功转型为服务集成商后，产品则变成了传递服务的媒介，企业主要的利润和收益来自于服务。然而，市场中也有很多企业没有转型成功，这些企业尽管也提供了大量的基于产品的服务，但是并未由此获得收益的增加和客户满意度的提升，相反还为此付出了额外的成本。不仅如此，向服务供应商的转变也要求企业在对员工的能力和技术等的提升进行投资（Reinartz and Ulaga，2008），制造企业转变为服务供应商将会面临很大的挑战（Barnett et al.，2013）。卡斯塔利和露西（Kastalli and Looyc，2013）研究了一家全球制造企业的44家全球子公司2001～2007年向服务—产品提供商的转变过程，指出服务与企业绩效之间存在着非线性的关系，即企业开始提供服务时，能够显著提升其盈利水平，但是随着企业提供服务规模的增大，企业的盈利增长将有所放缓。肖挺等（2014）基于我国生产制造企业2003～2011年的相关数据，研究了服务化战略对企业绩效的影响，研究结果显示，不同行业的服务化与绩效之间都呈曲线关系，并且也都曾出现了"服务化困境"问题。

实践中，企业从产品制造商转变为服务提供商的过程是困难而进展缓慢的，尤其企业所提供的服务是在很复杂的情况下，需要供应链不同组织间的相互合作（Barnett et al.，2013）。比克法维等（Bikfalvi et al.，2013）认为，与仅提供制造产品的企业相比，服务集成商更加强调企业间关系的建立和维护，企业之间形成的网络和协作是其成为服务集成商的必要条件。企业之所以不能成功地向客户提供产品及服务解决方案，大多数是因为这些企业没有改变组织的结构、动机和与其他相关组织的关系，比起内部组织关系来说，外部关系更需要双方的合作。考泰玛克等（Kohtamäki，Partanen，2013）研究了在工业企业提供服务与其销售增长之间的关系，以及网络能力对这一关系的调节作用，基于芬兰制造企业的数据，研究结果显示，工业企业提供的服务与销售增长之间存在非线性的关系，即转变为服务供应商并不总能提升企业的业务绩效。然而，如果企业与其供应链合作伙伴之间具备良好的网络能力，那么企业所提供的服务能够显著影响其销售收入的提升，这说明企业的网络能力能够促进企业通过服务创造价值。研究中网络能力涵盖了企业与其合作伙伴的协作，维护相互关系的能力，对合作伙伴产品、市场、优劣势的了解以及与合作伙伴间的沟通等维度。类似地，凯姆和凯维斯格（Kim and Cavusgil，2013）基于 184 家企业的实证研究指出，在服务供应链中，企业为了能够及时、准确、有效地响应客户需求，不仅需要认清合作伙伴在价值创造过程中所发挥的作用，更重要的是要在战略上重视其关键合作伙伴，使双方在提高战略协作水平的同时，最终能够促进企业成功地为客户创造价值。

此外，企业成功转型为服务集成商需要从基于生产产品的战略转变为基于提供服务的战略，这就要求企业重新思考价值创造的本质和流程（Vargo and Lusch，2008a），选择适当的商业模式（Barquet et al.，2013），使企业在组织、人力等方面与服务化战略保持匹配。艾哈迈德等（Ahamed et al.，2013）研究了组织层面的因素对企业成为服务集成商的影响，研究结果显示，组织愿景、领导类型以及组织营销都对服务化战略有效实施产生显著影响。图仑尼和芬恩（Turunen and Finne，2014）也认为，组织的变革对企业成为服务集成商具有重要影响。在服务供应链中，人力是价值传递过程的重要组成部分（Ellram、Tate and Billington，2004）。尤拉格和洛夫兰（Ulaga and Loveland，2014）基于对 38 位销售总监的访谈探讨了制造企业从产品主导转向服务集成商的过程中，销售人员所面临的挑战。文章研究了在以服务为中心的商业模式下，企业战略的变化在多大程度上影响了公司的产品销售人员？"服务 + 产品"的模式，与销售产品的模式,在哪些方面表现出差异?在 B2B 市场中,销售人员需要哪些专业的技能才能有效提升服务与产品的销售业绩?此外,作者还探讨了相比优秀的产品销售人员,服务主导模式下的销售人员需要具备哪些性格特征才能获得卓越的业绩。

3. 服务供应链运营

近年来,很多学者针对服务供应链的管理与运营展开研究。服务采购是服务集成商获取提供服务所需资源的重要方式,是服务供应链的重要业务流程,服务采购能够对下游客户产生影响(Vandaele and Gemmel,2007)。然而,比起产品采购,服务采购更加困难,这与服务本身所具有的特性有关。佩默、瓦瑞和比安奇(Pemer、Werr and Bianchi,2014)基于瑞典 76 家企业的数据,实证研究了企业采购专业服务正式化的前因因素,着重探讨采购专业服务企业的规模和服务采购的频次分别对采购专业服务正式化的影响以及采购专业服务正式化与专业服务采购的能力之间的关系。弗里斯等(Vries et al.,2014)基于知识转移以及组织学习理论,研究了制造企业进行服务外包过程中,合同的不同特性以及双方关系的不同特性,对服务合作伙伴方知识分享的影响作用。其中,服务合作伙伴知识分享分为探索性(Exploratory)和利用性(Exploitative)两种类型。

物流服务能够提升企业的整体绩效(Leuschner、Charvet and Rogers,2013),成功的第三方物流服务关系对物流采购方以及提供方的品牌建立能够产生积极影响(Rahman、Melewar and Sharif,2014)。洛伊施纳等(Leuschner et al.,2014)运用元分析方法,研究了第三方物流的关系治理结构对客户物流服务以及企业绩效之间的关系,研究结果表明,有效的关系治理结构不仅能够提升客户物流服务的水平,同时还积极地促进了企业运营、财务、市场等绩效的提升。刘歌(Liu、Liu and Ge,2013)基于累计前景理论,提出了物流服务供应链中功能服务提供商的主观效用函数,并构建了两阶段的二级客户订单分配模型,其目的在于最小化物流服务集成商成本的同时，能够最大化各功能服务提供商的效用。研究发现，服务集成商与功能服务提供商之间的合作是相对短期，而不是长期的。

帕洛和塔蒂南（Palo and Tähtinen，2013）探讨了如何为基于新技术的服务开发网络化的业务模式。而马克南姆和默文（Makkonen and Mervi，2014）基于焦点企业视角，探索性地研究了 IT 在战略供需关系中的作用。凯姆和凯维斯格（2013）实证研究指出，服务供应链中合作伙伴间的 IT 一致性能够提升企业响应客户的水平，进而能有效地为客户创造价值。瓦德·瓦克和温德斯泰（Van der Valk and Wynstra，2014）研究指出，技术上同质的服务，会因为使用情境的不同产生不同的供需双方关系，其中，情境的不同体现在采购决策和服务管理的设计上。

思蒂欧、达彼拉和尤英（Steel、Dubelaar and Ewing，2013）研究了行业、组织以及客户等不同层面的因素对客户关系管理（CRM）不同阶段的影响，以分析客户关系管理运行成败的影响因素，其中，作者将客户关系管理分为评估、设计、执行以及评价四个阶段。迪芒什和罗奇（Dimache and Roche，2013）给出了用以支持制造企业实施服务化战略的工具（TraPSS）。狄克逊和韦尔马（Dixon and Verma，2013）研究指出，在服务领域中，服务的排程对提高客户满意度，促进客户重复购买服务方面具有重要的作用。科尔特曼和迪文尼（Coltman and Devinney，2013）识别出在为客户提供定制化的、商品化的服务过程中，为了能够满足客户需求，企业需要的六项运营能力，分别是客户参与、跨部门协作、创造性的解决方案、运营水平的提升、IT 基础设施以及专业化的服务交付。盖波、帕约拉和萨卡尼（Gebauer、Paiola and Saccani，2013）提出了四种服务网络类型：垂直售后服务、水平外包服务、垂直生命周期服务、水平整合服务，并且认为服务网络的形成与运行要求网络中的企业具备相应的动态能力和运营能力。

拜恩斯和莱特富特（Baines and Lightfoot，2014）对成功实施服务化企业进行案例研究，归纳出制造企业实施服务化战略需要在技术和实践活动中关注的七个方面，即设施和选址、微观垂直整合、供应商关系、信息沟通技术、价值呈现、人力资源和技术、商业流程和客户关系。托马斯（Thomas E.，2013）探讨了在新产品研发过程中，供方与买方之间的多样化沟通方式分别对双方知识交换以及买方新产品开发绩效影响。此外，姚、埃利奥特·拉宾诺维奇和拉珠（Rao、Elliot Rabinovich and Raju，2014）还研究了网上零售中分销服务的作用。

阿克曼斯和芙丝（Akkermans and Voss，2013）研究了服务供应链的牛鞭效应产生的原因以及缓解牛鞭效应的相应对策。国内学者王康周等（2013）针对制造型企业实施服务供应链管理过程中，出现的牛鞭效应以及生产服务管理过程的相关问题进行了探讨。

在服务绩效管理方面，已有的研究表明，供应链管理可以减少资源的耗费，通过提高产品可得性和减少订单周转时间进而提升客户服务质量（Banomyong and Supatn，2011）。基于 SCOR 模型，纳乌埃勒（Giannakis，2011）提出管理服务供应链的绩效测量，其包括了六个方面的维度，分别是竞争性、财务表现、柔性、资源利用、创新以及服务质量。赵等（Cho et al.，2012）在服务绩效以及供应链绩效相关研究的基础上，提出了服务供应链管理的绩效衡量指标，并以酒店服务为研究对象，检验了不同指标的重要性，其中，服务供应链管理的绩效衡量涉及战略层面、策略层面以及运营层面。雅斯克莱宁、莱洪恩和露尼维斯特（Jääskeläinen、Laihonen and Lönnqvist，2014）也研究了服务绩效的衡量及其特征，其中在衡量服务绩效方面需要考虑服务情境、客户方面以及其他参与者等方面的维度。

三、京津冀信息服务业服务供应链运作案例

软件即服务（Software – as – a – Service，SaaS）是基于互联网提供软件服务

的软件应用模式，用户采用软件服务租用的方式按月或按年缴纳服务租用费用，通过在线平台获取软件服务。这种基于互联网的新型软件应用模式改变了 IT 市场的商业模式，创造了更多的商业应用，带来了软件行业的革新。随着"云计算"概念和通信技术的发展以及企业在线服务意识的增强，SaaS 模式已经成为 IT 行业不可阻挡的主流模式。以服务供应链为理论基础，从 IT 服务行业的特征出发，结合 SaaS 服务模式的参与主体及实际企业实践，探究基于 SaaS 的服务链结构运作。

1. IT 服务供应链的结构模型

不同行业的服务供应链有共性之处，同时也有其独特的行业特征。IT 服务行业所提供的信息产品和服务均与其他实体产品和服务行业存在较多差异。因此一般服务供应链的结构模型只能作为 IT 服务行业模型构建的参考基础，实际结构模型会因行业特征而存在差异。

在 IT 服务行业，由于信息技术的迅速发展，使行业渗透性和应用性较强，往往存在理论研究滞后于实践发展的问题。很多实业家通过对企业实践的总结，就 IT 服务供应链的结构问题提出了一些观点。如国际商业机器公司（以下简称 IBM），指出 IT 服务供应链可能由基础设施提供商、软件开发商、流程服务商、技术集成商、服务提供商和客户组成。此外，也有学者提出了一般化的结构模型。如帕斯特缪斯（Postmus）于 2009 年在其著作中对企业软件供应链框架进行了定义，他把企业软件分为基础实施软件、应用软件和嵌入式软件三类；从节点企业从事的业务过程将软件供应链的节点企业划分为基础设施提供商、组件服务提供商、软件服务提供商、代理商或实施商（渠道）以及客户。同时他也指出，软件供应链也有水平结构和垂直结构之分，水平结构指沿着供应链上下游节点的数量（Tiers）；而垂直结构指每一个节点企业的数量（Actors）。水平结构是一种链条式的结构，可能会很长；而垂直结构中，有时一个节点的合作伙伴可能很少，也可能很多。多个节点及活动主体构成的水平结构和垂直结构就构成了供应链网络结构。

本书沿用传统供应链结构的划分方式，将 IT 服务供应链分为链式结构和网络结构。在链式结构中，我们借鉴了 IUE－SSC 的基本思路，将 IT 服务供应链链式结构的基本模式定义如图 3－2 所示。在这种模式中，供应商同时承担多种角色，一方面作为 IT 服务提供商的基础服务供应商，另一方面又直接接触客户完成其他服务交付，其中供应商与 IT 服务提供商之间的关系存在两种形式，即功能组合式和流程嵌入式。

图 3－2 链式结构基本模式

在功能组合式中（见图 3－3），供应商主要承担子服务提供商的角色，即不同的供应商承担不同的服务模块，实现不同功能的需求；IT 服务提供商作为综合服务集成者，根据用户需求将来自不同功能服务提供商的服务进行组合或集成，

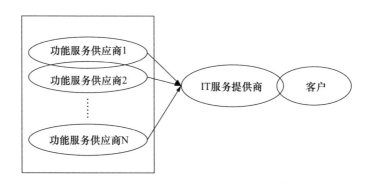

图 3－3 功能组合基本模式

提供给最终客户。因此 IT 服务集成商可以根据用户的需求进行不同的功能服务组合的定制，实现"随需而变"的服务需求。

流程嵌入式（见图 3 - 4）是指 IT 服务集成商在接受其他服务提供商服务的基础上提供进一步的增值服务，然后将最终集成服务提供给客户。不同的服务模块类似于制造业中间品与最后产品的关系，上下游企业是通过流程式"生产"进行合作的，上游服务商的产出是下游服务商生产的输入，或者下游的服务提供是以接受上游服务为基础的。在这种模式中，每一环节的服务提供商都是独立的服务提供者，他们为自己的下游企业提供专业服务的同时，还有可能跨越供应链各环节直接为客户提供相应服务。比如，北京华胜天成科技股份有限公司作为服务提供商既为 IBM 这样的大型 IT 服务集成商提供服务器服务，也为大量的终端客户（一般的中小型业务企业）提供包括服务器服务在内的 IT 服务。但 IBM 为自己的客户所提供的服务是建立在自身的硬件和软件基础之上的，而这些硬件和软件来自其他供应商。

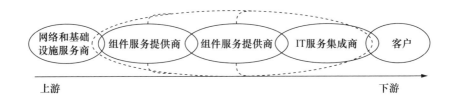

图 3 - 4　流程嵌入基本模式

从以上供应商可能承担多种角色且可能跨越 IT 服务集成商直接接触客户的情形看，如果在供应链中所有的参与方都直接向最终客户提供服务，同时又为自己的下游企业提供服务，并且在横向上与同类企业进行合作，那么这样就形成了复杂的网络结构。

与链式结构不同的是，在网络结构中，没有上下游之分，各个服务提供商通过统一的中间平台为客户提供服务，传统的链式结构"一对一"服务演变成

"一对多"服务（见图3-5）。无论是独立软件开发商，还是软硬件及网络基础设施服务商，以及组件服务提供商，大家都通过 IT 集成服务平台收集客户需求，并为客户提供专业服务。而客户则可以轻松地通过集成平台选择自己所需要的服务，真正实现"随需而变"。平台所有者可能是 IT 综合服务提供商，其具有集成各组件服务商所提供服务的能力，或者各种服务的集成由其他的集成服务商通过该平台来实现。

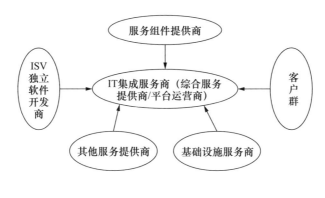

图 3-5　网络结构

2. SaaS 服务供应链的构成

目前行业内主流的 SaaS 服务提供商主要有 "Salesf orce、800app、Xtool、Youshang、K. cn" 等（见表 3-1）。这些企业大多属于产品型 SaaS，只有 Saleforce 除了提供自己开发软件的在线服务外，还为其他独立软件提供商提供在线软件交付服务。在产品型 SaaS 中，在线交付平台的合作伙伴主要包括同一集团的软件开发公司（或旗下的子公司）、基础设施服务提供商、移动/网络服务提供商、渠道联盟合作伙伴、行业企业（客户）。

表 3 – 1　产品型 SaaS 合作伙伴

服务提供商	软件开发公司	基础设施服务商	移动/网络基地服务提供商	第三方支付	渠道联盟合作伙伴	行业企业（客户）
金蝶友商网 Youshang. com	友商网是金蝶旗下网站，在线销售的软件由金蝶提供	IBM 技术支持：其他设备提供商	中国移动、互联网协会及中国电信	通联支付	建立渠道中心，对外招聘渠道代理商	防治、医药、电子制造、商贸、食品等行业
用友伟库 K. cn	用友软件提供软件开发		中国移动、联通等	通联支付	与其他网站合作推广	伟库联盟
Xtool. com（由沃力森和沃立森德两家软件公司构成）	沃立森负责软件设计和开发	清华紫光	中国网通、电信、宽带新动力	网银在线	沃立森德负责软件运营和服务支撑同时招聘代理商	—

金蝶友商网（Youshang. com）的伙伴分为三类，即销售型伙伴——常规 IT 软件渠道商，通过赚取客户软件版权（License）差价及软件服务年费获取利润；服务型伙伴（实施、培训、服务）——软件即服务，由销售型伙伴向服务型伙伴转型，成为金蝶友商授权服务中心，为当地中小企业提供全方位、一站式信息化管理服务；增值型伙伴（开发、咨询）——金蝶友商网将开放所有产品应用程序编程接口（API），让更多的独立软件提供商（ISV）可以依托金蝶产品开发更多利用小企业信息化应用的产品，打造友商的手机软件（APP）。其中第三类合作方式还处在建设阶段，可见金蝶友商网也有意进入平台型 SaaS 市场。第二类软件及服务伙伴是我们所关注的。目前，金蝶友商网建立了各地区的网站平台，为当地中小企业提供在线软件实施、培训和服务。

除了以上这些产品型 SaaS 案例以外，少数在线软件服务企业开始进入平台型 SaaS 模式，如"Saleforce"和"800app"。在这种模式中，独立软件提供商充当着软件供应商的角色，而 SaaS 服务提供商只负责在线软件的渠道销售和服务支持。如"Saleforce"提供"AppExchange"类似于传统供应链的在线分销渠道，"Force.com"则为独立软件提供商提供了较为丰富的工具和资源。与传统代理商分销系统相比，独立软件提供商不仅可以通过在线平台发布软件，实现软件交付，而且还可以很容易地共享在线服务平台本身所具有的巨大网络客户资源。独立软件提供商将"Saleforce"作为第三方软件交付平台进行在线软件分销，如"APTTUS"的成功案例。与"Saleforce"不同的是，国内"800app"注重为独立软件提供商提供软件开发平台，而不像"Saleforce"有强大的电子商务市场"AppExchange"作为分销渠道来配合。

案例研究发现，平台型 SaaS 和产品型 SaaS 的主要的差异在于其服务商在服务供应链中承担的角色不同。产品型 SaaS 中软件开发和设计由本企业或下属子公司完成，而平台型 SaaS 模式中，服务提供商只负责运营和服务支持，其合作方式有所不同。

在平台型 SaaS 模式下，软件开发企业采取灵活的方式为客户提供在线软件服务，基于交付（Delivering）、托管（Hosting）和维护（Maintaining）的业务不再是软件开发者的核心业务，需要有独立的第三方介入充当中介协调者。因此运用平台型 SaaS 这种新的软件交付模式存在三种不同角色的参与方：独立软件提供商——指软件开发者，或者软件产品、工具、应用程序的拥有者。服务提供商（Business Service Provider/Service Provider，BSP）——软件开发商和客户之间的中介，负责管理软件和基础设施，以便客户可以远程使用软件。因此，服务提供商的核心业务在于为客户提供托管软件（Host）、软件交付（Deliver）、软件维护（Maintain）和软件定制/客户化（Customize），包括对客户商业过程的理解，客户需求的定制，客户现存软件、硬件、网络以及相关资源的整合，软件升级等。在为客户提供软件产品和应用服务方面服务提供商需要与独立软件提供商签订契约以达成一致。软件使用者/客户（Client）——使用服务提供商提供的商业服务

（可能包括按需定制、使用培训、服务支持等），按需支付相应费用（Pays as per Usage）。因此，客户不是从独立软件提供商那里购买软件许可（License），而是以一种灵活的基于使用的付费方式从服务提供商那里获取软件服务。

因此，SaaS服务链的主要核心成员包括独立软件提供商、SaaS服务提供商以及客户。SaaS服务供应链的结构模型与传统的软件交付模式相比其最为显性的表征就是"在线"。传统的软件企业如金蝶友商网、用友伟库成立在线软件服务网站后，销售渠道由单纯的线下交付变为线下和线上的双重渠道。而"Xtool"和"800app"是典型的SaaS新型企业，其产品就是在线软件服务，属于单渠道供应链结构。通过案例研究，可发现产品型SaaS服务提供商也招募渠道代理商，而现有的平台型服务提供企业，如"Salesforce"，又同时承担着自身产品和第三方产品的渠道分销任务。

如前所述，如果从SaaS服务提供商的视角来看，两种模式的主要区别在于其服务提供商的角色不同；但是如果从独立软件提供商的视角来看，两种模式的区别主要在于其无论是ISV自建平台还是与第三方独立平台合作进行的都是在线软件交付。

从软件开发商/制造商的视角出发，可以将SaaS服务供应链分为集中式结构和分散式结构。集中式结构即软件开发企业自建在线交付平台来完成自行开发软件产品的在线交付服务，且平台的运营和维护由自己承担；分散式结构中软件开发企业委托第三方独立平台进行在线软件的交付和服务，平台的运营管理和维护由SaaS服务提供商负责。在集中式结构中，独立软件提供商承担服务在线交付责任，供应链决策具有统一决策的特点；在分散式供应链中，独立软件提供商与独立第三方交付平台合作，共同完成软件服务的在线交付，双方在分散式供应链中独立分散决策，决策效率需要通过合理的契约进行协调。

信息技术的飞速发展以及互联网应用的普及推广和渗透不断推动商业模式的革新，追捧与创新商业模式成为很多企业发展的利器。IT服务行业的技术特性使这一趋势势不可当。各种各样的服务模式让人们应接不暇，有些也许只是商家的噱头，但有些确实具有本质的革新，而 SaaS 模式是互联网不断发展的产物，为企业信息服务模式注入了新的活力。

本研究通过案例研究及文献梳理，总结了"SaaS"服务供应链的链式结构和网络结构，并将链式结构划分为功能组合式和流程嵌入式；从两种不同的"SaaS"服务模式（产品型和平台型）角度出发，结合传统供应链分散式和集中式结构划分理念，将"SaaS"平台型服务构成的供应链结构称为分散式供应链结构，而将产品型称为集中式结构。这对今后研究基于"SaaS"的"IT"服务供应链起铺垫作用。

第四章

京津冀信息服务业服务化战略研究

一、市场导向的演变

瓦戈和勒斯克（Vargo and Lusch，2004）提出，以产品为主导（关注有形资源、内嵌的价值、交易）的市场，经过几十年的发展，正逐步转变为以关注无形资源及联合创造价值为导向的市场，在这种市场中，服务取代产品成为市场交换的主体。以下将就市场导向的演变进行展开研究。

对营销的正式研究起源于商品和工业产品的分销和交换（Marshall，1927；Shaw，1912；Smith，1904）。第一批市场学家研究的焦点在商品的交换（Copeland，1920），营销的职能就是通过市场制度促进商品的交换（Nystrom，1915；Weld，1916；Cherington，1920；Weld，1917）。20世纪50年代初，营销职能学派逐渐转变到营销管理学派，这一变化体现在对决策制定方法的运用及对客户的关注（Drucker，1954；Levitt，1960；McKitterick，1957）。麦卡锡

（McCarthy，1960）和科特勒（Kotler，1967）提出，营销作为决策制定的活动，旨在通过定位市场、选择促销组合，以合理的价格、合适的渠道向客户提供产品（4P's）从而满足消费者的需求。然而，自 20 世纪 80 年代起，许多新的不是基于 4P's 的又相互依赖的微观经济范式逐渐兴起，似乎不会有交集的思想出现在关系营销、质量管理、市场导向、供应和价值链管理、资源管理及网络研究中，其中最引人注目的应该是以服务为主导市场的兴起。学者们面临的挑战是如何打破原有的认知，将以产品为主导市场的相关知识运用到以服务为主导市场的局限性（Dixon，1990）。此时的营销理论处于碎片和不完整的状态。到了 20 世纪 90 年代初，韦伯斯特（Webster，1992）提出，以往的基于微观经济学范式的营销管理职能应该用批评性的眼光看待其当下对于营销理论及实践的适用性。20 世纪末，戴和蒙哥马利（Day and Montgomery，1999）指出，4P 理论的有效性应该受到质疑，因其缺乏创新性的思考而仅仅被看作是便于使用的理论。与此同时，阿赫罗尔和科特勒（Achrol and Kotler，1999）采用网络研究的视角，提出组织作为网络中一员的存在，这一本质说明理论有助于我们对组织的理解，然而其潜在的影响是当组织消化了各种理论后，其营销范式的转变也许并不能超越上述理论。谢思和帕维提亚（2000）指出，市场需要一种新的理论，用以解释市场行动者之间的持续关系。拉斯特（Rust，1998）号召对现有的看似分散的理论进行汇聚和整合，强调了整合产品和服务的重要性：“典型的有关服务的研究指出服务不同于产品。服务研究不再是从产品为主导的市场中挖掘的利基的研究领域。”以产品为主导的市场观点不仅可能阻碍人们对服务作用的整体性评价，还有可能在一定程度上限制了人们对营销的理解（Gronroos，1994；Kotler，1997；Normann and Ramirez，1993；Schlesinger and Heskett，1991），例如，古梅松（Gummesson，1995）写道，“客户不购买产品或者服务，而是购买能够提供服务、创造价值的提供物……传统的对产品和服务的划分已经过时了。这并不是说要对服务重新定义，而且从客户的角度来看待服务，活动能够提供服务、物品也能够提供服务。从关注产品到关注服务是从生产方式和生产者的角度转变到强调使用和客户的角度"。

表4-1和图4-1分别从两个角度对上述营销理论做了总结，简单来说，就是市场从过去以产品为导向转变到以服务为主导的市场，即从以有形产品和不连续交易为中心转变到以无形产品/服务为中心，关注交易流程和双方关系的逻辑导向（Vargo and Lusch, 2004）。值得注意的是，此处的以服务为中心不等同于：①传统的将服务看作是剩余的（不是有形产品）（Rathmell, 1966）。②用以增强产品的、增加价值的服务。③被划分为服务产业，如卫生保健、政府及教育等。瓦戈和勒斯克（2004）将服务定义为通过行为、流程等对专业能力（知识和技术）加以运用，从而为其他企业或自身创造价值。

表4-1　营销理论的发展与实践脉络

时间及流派	代表人物	基本概念及主题
1800~1920年古典和新古典主义经济学	Marshall（1890）；Say（1821）；Shaw（1912）；Smith（1776）	经济学成为第一门达到自然科学对数量严谨要求的社会科学。价值内嵌于生产之中，物品被看成是标准化的产出（商品）。社会财富是由有形资源整合创造的。营销正在酝酿之中
1900~1950年早期/形成期的市场理论	商品（Copeland, 1923）；制度（Nystrom, 1915；Weld, 1916）；功能（Cherington, 1920；Weld, 1917）	早期的市场理论大部分是对商品、制度及营销职能的描述。聚焦于交易、产出及制度如何影响营销职能的价值创造。对于营销职能的关注是认识操作性资源的起点
1950~1980年营销管理	商业需以客户为中心（Drucker, 1954；McKitterick, 1957）；价值在市场中决定（Levitt, 1960）；营销的功能在于决策与解决问题（Kotler, 1967；McCarthy, 1960）	企业可以运用分析工具（来源于经济学）决定最佳的营销组合。顾客购买或者需要的是功能而不是产品本身。企业的所有员工均需要关注客户，因为企业的使命在于创造满意的顾客。通过使用中的价值差异化来应对多变的市场环境，从而形成竞争优势

续表

时间及流派	代表人物	基本概念及主题
1980～2000 年及未来营销作为社会和经济过程	营销导向（Kohli and Jaworski, 1990; Narver and Slater, 1990）；服务市场（Gronroos, 1984; Zeithaml、Parasuraman and Berry, 1985）；关系营销（Berry, 1983; Duncan and Moriarty, 1998; Gummesson, 1994、2002; Sheth and Parvatiyar, 2000）；质量管理（Hauser and Clausing, 1988; Parasuraman、Zeithaml and Berry, 1988）；价值和供应链管理（Normann and Ramirez, 1993; Srivastava、Shervani and Fahey, 1999）；资源管理（Constantin and Lusch, 1994; Day, 1994; Dickson, 1992; Hunt, 2000; Hunt and Morgan, 1995）；网络分析（Achrol, 1991; Achrol and Kotler, 1999; Webster, 1992）	营销被看作是一个持续的社会和经济过程，其中，操作性资源占主导地位。这种逻辑认为财务绩效不是最终结果而只是验证市场对价值的假设。市场可以证明假设的真伪，这使实践家可以反思其行动，寻找更好的方式来服务其客户，从而提升企业绩效。新兴的以服务为主导的市场结合多个领域的研究，提出了 8 大前提：①交换的最基本单位是技术和知识。②基本的交换单位被间接的交换方式所模糊。③物品是服务交付的载体和分配机制。④竞争优势最基本的来源是知识。⑤服务经济具有绝对地位。⑥客户永远是价值的共同生产者。⑦企业仅能生产价值。⑧以服务为中心的观点内生于客户导向和关系导向之中

资料来源：Stephen L. Vargo, Robert F. Lusch. Evolving to a New Dominant Logic for Marketing ［J］. Journal of Marketing, 2004（68）：1 – 17.

此外，斯威尼（Sweeney, 2007）从时间、核心概念、价值的单位、导向、客户、理论基础、消费者的活动七个方面就现代主义、后现代主义、关系营销和服务导向的市场进行了比较（见表 4 - 2），显然这张表从另一个角度描述了服务主导市场的演化过程。例如，对于价值的单位（对消费者来说其预期的价值），现代主义的是产品，后现代主义的是经验，关系营销的是关系绩效，服务为主导的市场中技术和知识是价值的基本单位。尽管不同的范式有着很大的差别，但总体来看，上述的四种范式并非是排他的，且很明显是以服务为主导的市场与关系

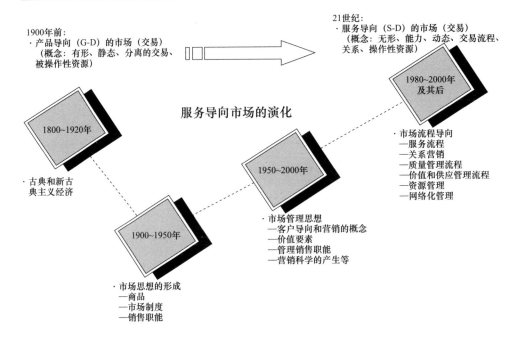

图 4-1　市场导向的演化（1）

资料来源：Stephen L. Vargo，Robert F. Lusch. Evolving to a New Dominant Logic for Marketing ［J］. Journal of Marketing, 2004 （68）：1-17.

营销和后现代主义范式有着很多的共同点。可见以服务为主导的市场并不是对其他方式的取代，上述范式并存于当今的理论和实践中。

表 4-2　市场营销领域的关键范式

研究内容 ＼ 范式	现代主义（4P's）	后现代主义	关系营销	服务主导
时间	1950～1960 年	最近 20 年（突出）	Berry（1983）创造了"关系营销"这个词，被看作是关系营销的早期里程碑	Vargo 和 Lusch（2004）的研究提出

续表

研究内容＼范式	现代主义（4P's）	后现代主义	关系营销	服务主导
核心概念	产品	产品提供的体验	客户和供应商之间有质量的关系	联合创造价值
价值的单位	产品（价值内嵌在产品中）	经验	关系绩效	技术和知识
导向	产品导向，产品为王	消费导向，消费者通过消费定义自身	关系导向，关系是合作双方通过相互交换、完成承诺从而有所得的关键	联合创造价值导向，客户通过运用技术和知识对被操作性资源加工共同生产服务
客户	理性、负责、自我控制的，期望跟随线形的、静态的消费模式	复杂、不固定、动态的预期及需求，寻求经验	买卖双方的关系依结果而定，客户是富有经验的并对结果预期	客户积极参与生产的动态流程
理论基础	微观经济学——4P's 的发展	后现代理论及符号意义理论	人际理论，网络理论及新会计理论	Vargo 和 Lusch（2004、2006）基于新理论基础
消费者的活动	消极的（作为目标）	反应型的（客户意识和响应）	主动地（但通常没有服务提供商那样主动）	消费者承担共同创造价值的角色

资料来源：Jillian C. Sweeney. Moving towards the Service – Dominant Logic—A Comment ［J］. Australasian Marketing Journal，2007，15（1）.

与此同时，瓦戈、勒斯克和布赖恩（Brien，2007）从市场哲学的角度对服务主导市场的演化过程进行描述（见图 4 - 2）。20 世纪初，市场营销谈论的是如何将产品和服务卖出去（To Market）。第二次世界大战后，美国转变成卖给谁

（Market To）的市场导向，企业对市场和客户进行分析，生产出满足市场和消费者需求的产品。瓦戈和勒斯克（2004）有关服务导向市场的提出，主张企业与客户、合作伙伴一起创造价值（Market With）。

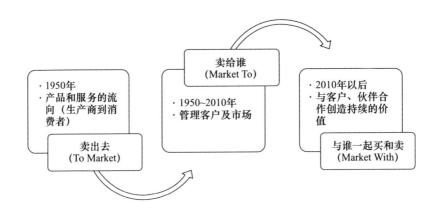

图 4 - 2　市场导向的演化（2）

资料来源：Robert F. Lusch，Stephen L. Vargo and Matthew O'Brien. Competing through Service：Insights from Service - dominant Logic ［J］. Journal of Retailing，2007，83（1）：5 - 18.

二、产品主导与服务主导的市场

瓦戈和勒斯克（2008）指出，过去几十年间，领先企业、商业学者以及相关咨询家都主张聚焦企业的基本活动或转变企业整体战略导向，即从生产产品到关注服务（Davies、Brady and Hobday，2007；Gebauer and Fleisch，2007）。而这种计划不仅出现在 B2B 商业企业（如 IBM、GE）也出现在 B2C（如 Lowe's、Kodak、Apple）企业中，有的甚至是整个行业的转变（如软件服务行业）。这种现象不仅在发达国家，事实上，整个经济体生产和交换的服务都在迅速增长。对实践的感知让企业人士更多地关注服务，调整企业的生产战略来适应并发挥服务的特性。与业界转变相应而生的是市场导向的变化，瓦戈和勒斯克（2004）在"演变到新的市场导向"一文中，首次提出产品导向（Goods - Dominant Logic，G - D）与服务导向（Service - Dominant Logic，S - D）的概念。

G - D 和 S - D 的根本区别在于其看待服务的角度不同，在 G - D 中，服务被认为是被操作性资源；相反，在 S - D 下，服务被认为是对操作性资源的运用（Vargo and Lusch，2008）。具体来说，看待服务有两种逻辑观点：第一种将产品（嵌有价值的有形的产出）作为经济交换的主要核心，服务（通常是复数，services）看作是有一定限制的一种无形的产品（如输出单元）或者看作是增加价值的附加物。瓦戈和勒斯克（2004a、2006a）把这种逻辑叫作产品导向的逻辑。也有一些研究者称这为生产的逻辑（Manufacturing Logic）（Normann，2001）。不管称呼什么，我们可以看出产品导向的逻辑在于管理物品的生产和管理服务的生产和交付。第二种认为服务（通常是单数，service）是为其他方做事的过程，仅是服务而不涉及产品。经济交换的核心就是服务，瓦戈和勒斯克（2004a、2006a）把这种逻辑叫服务主导的逻辑。S - D 的提出意味着经济交换逻辑的变化，而不仅是产品交换形式的变化，S - D 被提出后经济交换不是简单地从一般产品交换变为高级产品交换，而是意味着交换方式从基于制造的模式转变为基于服务提供的模式。

接下来需要阐释清楚被操作性资源和操作性资源。因为，对这一问题的明了可以帮助我们更好地理解产品导向的市场与服务导向市场的区别和联系。

康斯坦丁（Constantin）和勒斯克（Lush，1994）认为，被操作性资源（Operand Resources）是指对其进行运作或处理以产生影响的资源，与其相对的是操作性资源（Operant Resources），其是指用于对被操作性资源（和其他操作性资源）进行处理的资源。

自文明产生以来，人类活动涉及动物、植物、矿物及其他自然资源，因为这些资源是有限的，所以，国家、部落及其他组织所拥有的资源被看作是财富。在产品导向的市场下，被操作性资源占据主导地位，企业如果拥有大量的生产要素（被操作性资源）和一种技术（操作性资源），那么企业就可以以低成本将被操作性资源转化为产品，从而创造价值。在这种视角下，顾客成为企业争相"瓜分的"资源，为了成功地吸引顾客，企业不断地进行市场细分、市场渗透、促销组合等营销手段。企业赢得市场的关键在于能否拥有被操作性资源。

操作性资源的相对重要性在20世纪末开始显现，其是由于人们开始认识到技术和知识是最重要的资源。康斯坦丁和勒斯克（1994）将操作性资源定义为本身能够产生影响、作用于其他资源的资源。齐默尔曼（Zimmermann，1951）和彭罗斯（Penrose，1959）是两个最早发现资源作用的经济学家。正如亨特（Hunt，2000）指出的，彭罗斯并没有使用流行的"生产要素"一词而是使用"生产性资源的集合"，彭罗斯解释道"资源本身并不是生产过程中的投入，资源提供的仅仅只是服务"。

操作性资源通常是不可见的、无形的，是企业的核心能力或者是组织的流程，其不像被操作性资源那样静态和有限，而是动态和无限的。因为操作性资源不仅使人类可以扩大自然资源的价值，还能创造出额外的操作性资源。描述操作性资源的一个典型案例是微处理器（Microprocessor），人类通过自身的智慧和技能选择了众多自然资源中的一种——硅石（Silica），并将知识嵌入其中，正如科普兰（Copeland，1984）所观察的，微处理器就是纯创意。在以服务为主导的逻辑下，操作性资源被认为占主导地位，因为其能产生效果（影响）。这种转变对交易过程、市场以及顾客的认知都有一定的意义。

表4-3描述的是在操作性资源和被操作性资源的角度下，产品主导的逻辑与服务主导逻辑的区别，分析主要从交换的基本单位、产品的角色、顾客的角色、价值的意义和决定因素、企业和客户之间的互动、经济增长的来源六个方面展开。我们可以看出，在G-D主导的市场中，交换的是被操作性资源，产品是被操作性资源的产出，客户是产品的接受者、产品的价值由生产者决定，客户也是被操作性资源，经济增长主要依赖被操作性资源；而在S-D主导的市场中，

交换的是操作性资源（知识和技能），产品是操作性资源的载体，客户是服务的共同生产者，价值由客户决定，客户是操作性资源，经济增长依赖操作性资源的使用。

表4-3　操作性资源和被操作性资源视角下 G-D 和 S-D 的区别

研究内容 ＼ 资源属性	传统的产品主导的市场（逻辑）	新兴的服务主导的市场（逻辑）
交易的基本单位	交换的是以被操作性资源为主体的产品	交换的是以操作性资源为载体的知识和技能
产品的作用	产品是由被操作性资源构成的最终产出。营销人员可以对交易地点、时间等进行变动	产品是操纵性资源的载体，它们作为中间物被其他操作性资源用来创造价值
顾客的角色	客户是产品的接受者。营销人员对客户进行细分、深入客户、将产品交付给客户。客户是被操作性资源	客户是服务的共同生产者。营销是与客户互动的过程。客户是操作性资源，仅偶尔作为被操作性资源
价值的意义及其决定因素	价值由生产者决定，内嵌在被操作性资源中，在交换中实现	价值由客户在使用中实现，通常是通过对操作性资源的应用感知，有时也通过被操作性资源进行传递。组织只能做出价值的定位
企业和客户之间的互动	客户是被操作性资源，通过加工与其资源进行交换	客户主要是操作性资源，是关系交易和共同生产的积极参与者
经济增长的来源	财富从剩余的资源和产品中获得。财富由占有、控制及生产被操作性资源组成	财富通过应用和交换专业的知识和技能来获得。它代表了未来使用操作性资源的权利

资料来源：Stephen L. Vargo，Robert F. Lusch. Evolving to a New Dominant Logic for Marketing［J］. Journal of Marketing，2004（68）：1-17.

此外，瓦戈和勒斯克（2004）还从 G–D 和 S–D 市场的特点及其理论渊源的角度对二者的区别进行分析。他们指出，在产品主导的市场中：①经济活动的主要目标是生产和分销可以售出的产品。②为了使产品能够卖出去，必须在生产和分销的过程中内嵌实用性和价值，同时向客户提供的这种价值必须超过企业的竞争对手。③企业所有的决策因素都必须指向利润最大化。④为了最大限度地控制生产及提高效率，产品必须进行标准化处理。⑤产品可以存储到向消费者售出并转化成利润为止。

而在服务主导的市场中：①识别和发展核心能力，经济实体的知识和技能代表了潜在的竞争优势。②识别其他的经济实体（潜在客户），并通过上述能力使客户获益。③为了培养关系，客户需要参与定制化过程，制定具有竞争优势的价值定位从而满足客户具体的需求。④企业需要学会分析财务报告以观测市场的反应，不断完善企业所提供的产品和服务从而更好地满足客户的需求，为企业创造更好的效益。

瓦戈和勒斯克（2004）还指出，以服务为主导的市场，其理论渊源是资源优势理论（Conner and Prahalad，1996；Hunt，2000；Srivastava、Fahey and Christensen，2001）和核心能力理论（Day，1994；Prahalad and Hamel，1990）。核心能力不是实体资产而是无形的流程，或者说是隐形的操作、因果模糊的、异质的（Nelson and Winter，1982；Polanyi，1966）。亨特（2000）指出核心能力是高级的资源，由基本资源束组成。蒂斯和皮萨诺（Teece and Pisano，1994）认为"企业的竞争优势来源于动态能力，根源于企业内部运行的高效体制，内嵌于企业的流程，受企业的历史条件的影响"。哈默尔和普拉哈拉德（Hamel and Prahalad，1990）讨论能力的竞争时指出，竞争优势由能力决定，而这对客户感知价值有着不相称的贡献。将营销的重点放在核心能力上，意味着营销处于整合商业职能和学科的中心。正如哈默尔和普拉哈拉德（1990）所言"核心能力是跨越组织边界的沟通、投入和承诺"。核心能力是组织整体学习的集合，组织所处在链条或者更广的网络上，链上成员及网络中的成员均需要执行专业的营销职能以获取竞争优势。企业可以长期生存下去的唯一方式是与其渠道、网络成员一起学习，并且保持良好的沟通和协调。

以服务为中心的市场营销是以客户为中心，以市场为驱动的（Sheth、Sisodia and Sharma，2000）。这并不是简单地以客户为主导，而是与客户合作并向客户学习，保持对客户个性化动态需求的适应性。服务主导的市场意味着价值由消费者决定并由其一起创造，而非内嵌与最终产出中。黑克尔（Haeckel，1999）观察指出，成功企业正在从实施"制造和销售"（Make－and－Sell）的战略转向"感知和响应"（Sense－and－Respond）的战略。此外，瓦戈和勒斯克（2008）在其"从产品到服务——两种逻辑的分歧和交汇"一文中，用四个方面（见图4－3）来刻画企业与客户共同创造价值的过程，分别是价值定位、沟通和对话、价值流程和网络以及价值提供物，在这个过程中需要联合运用企业内外部的资源，从而克服企业内外部的阻力，最终通过客户的使用，使价值转变成利润。

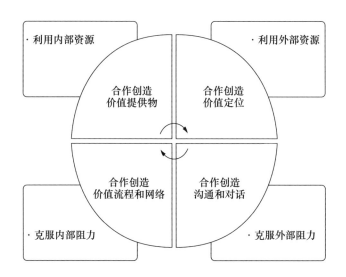

图4－3　价值创造和服务主导的市场

资料来源：Stephen L. Vargo，Robert F. Lusch. From Goods to Service（s）：Divergences and Convergences of Logics［J］. Industrial Marketing Management，2008（37）：254－259.

瓦戈和勒斯克（2008）从市场导向的变化对实践人士影响的角度对比了G-D与S-D的区别（见表4-4）。总的来说，在市场导向变化（从G-D到S-D）的今天，实践人士需要有以下六个方面的思维转变：①企业的主要目标从生产产品转到帮助客户创造他们自身的价值。②价值是生产出来的转到价值是与客户及其合作伙伴共同创造出来的。③从认为客户是孤立、分离的实体转变到客户是有其自身的网络的。④从认为企业的主要资源是被操作性资源（有形的，如自然资源）转变到企业的主要资源是操作性资源（无形的，如知识和技术）。⑤从认为企业的客户是目标到认为企业的客户是资源。⑥从强调效率转变到注重效果进而提升效率。

表4-4　市场导向变化对实践人士的影响

产品导向（G-D）	服务导向（S-D）
生产产品或服务	帮助顾客创造自身价值
价值是生产出来的	价值是合作创造的
客户是孤立、分离的实体	客户有自身的网络
企业拥有的是被操作性资源	企业拥有的是操作性资源
客户是企业的目标	客户是企业的资源
强调效率	通过效果提升效率

资料来源：Stephen L. Vargo, Robert F. Lusch. From Goods to Service（s）：Divergences and Convergences of Logics［J］. Industrial Marketing Management, 2008（37）: 254 – 259.

三、服务导向市场下的竞争

　　瓦戈、勒斯克和布赖恩（2007）提出在服务主导的市场中，服务是竞争的基础。

命题 1：服务是竞争的基础。

G-D 主导的逻辑认为企业通过运用 4P 组合并结合有形资源在市场上竞争。而 S-D 逻辑下的基本前提则表明，客户想要获取的并非是产品，而是通过服务所感受到的益处。与此相似，索内（Sawhney，2006）提出客户想要购买的是解决方案。需要注意的是，这并不意味着在 G-D 主导的市场中，我们不讨论服务，然而，传统市场导向中依靠"服务"的竞争，将服务看作：①帮助产品的生产（Converse，1921；Fisk et al.，1993）。②增加价值的活动（Dixon 1990）——用于产品。③最好的情况是将其作为一种特殊的（无形的）产品。可以看出，G-D 逻辑的关注点始终是在产品，也就是 S-D 逻辑称为的"被操作性资源"（静态、通常有形，通过加工才能使其发挥效用）。相反地，S-D 逻辑将服务看作是对"操作性资源"——动态资源，如能力（知识和技能）的应用，这些资源可以对其他资源发挥和产生作用。

基于此，在 S-D 逻辑下的市场中将产品和服务的角色对调，以服务为主导。服务可以直接提供给其他实体或是网络成员，也可以通过产品提供，这也是 S-D 逻辑下的前提之一。在这样的市场中，竞争的关键点在于企业如何通过运用操作性资源比竞争对手更好地满足客户的需求。而这对企业获取持续竞争优势有着战略和策略上的意义，即竞争优势是企业运用操作性资源并相较于竞争对手而言更好地满足客户需求的职责。

命题 2：知识、合作、持续竞争优势。

此时大家可能会认为服务是 S-D 市场中竞争优势的主要来源。然而，瓦戈、勒斯克和布赖恩（2007）却提出，服务本身并不是持续竞争优势的主要来源，产品也不是。持续竞争优势的唯一来源是知识——操作性资源（S-D 逻辑下的前提之一）。也正如亨特（2000）提出的资源优势理论认为，竞争优势是从超级能力中所获得。这种观点可以追溯到史密斯（Smith，1776）。史密斯提出的"劳动分工"并不主要是体力劳动，而是强调工作背后的专业知识和技能——能力的分工。这种通过专业化所进行的能力的分工是交换的基础。

随着能力的日趋专业化,组织存在的形式是内部进行微小的交换,其结果是宏观的专业化。组织通过整合,将其所拥有的资源转换到更高层级从而产生更多新的服务。这些组织接下来可以通过与其他组织进行交换缔结网络从而提供其他的服务。

在这样动态的环境下,企业在其价值定位及提供服务上保持静态是不切实际的,因此,服务创新就很有必要。这些创新依赖于能力的集合,企业可以持续地更新、创造、整合及变革上述能力。然而,考虑到服务提供的综合性,合作能力被视为 S－D 主导市场中企业想要获取持久竞争优势的关键,这是因为它能帮助企业发展其他两项能力:吸收能力和适应能力。而这两项能力,瓦戈、勒斯克和布赖恩(2007)认为其对于企业能否在复杂、动态及混乱的环境中制胜起到决定性的作用。客户参与使组织可以了解外部环境中的重要趋势及一些诀窍(专业知识),从而将其转化为组织可利用的资源。合作能力可以帮助企业从其合作伙伴那里吸收新的信息和知识用以增强自身的客户参与度。适应能力是组织调整自身以适应环境变化的能力。同样,通过发展合作能力,组织可以借助合作伙伴的力量来适应复杂、混乱的环境,也因此可以提高企业的适应能力。良好的合作能力及其相伴而增强的客户参与和适应能力可以使组织降低相关资源的成本、提高其相关的价值定位(Hunt,2000)。事实上,较低的相关资源成本关注的是效率,而提高的价值定位关注的是效果。正如亨特所说,成功者应该是更高效地向市场提供有效的解决方案。因此,在 S－D 主导的市场中,企业获取成功的唯一可能途径是拥有超凡的合作能力,它可以使企业从其外部环境、客户及价值网络中吸收信息和知识并使其适应动态、复杂的环境。综上所述,合作能力是企业获取竞争优势所需知识的主要决定因素。

命题3:合作和信息技术。

S－D 主导的市场中,技术被看作是操作性资源束。新技术的创造是通过开发新的操作性资源、寻找创新的方式将操作性资源嵌入被操作性资源中或者是设法将操作性资源"溶解"(将操作性资源从被操作性资源中解构出来),从而对其进行分别的开发（Normann，2001）。我们今天见证的，通常被称为"信息革命"的是对专业的操作性资源进行创造、解构和精练的过程，其可以与被操作性资源进行独立的交换（Normann and Ramirez，1993）。同样见证的还有单位（计算和沟通）处理成本的逐渐下降，且趋近于零。这可能是由于计算机存储、输入和输出等能力的迅速发展。尽管如此，从客户的角度来看，某些 IT 的整体运行成本反而是上升的。虽然计算能力在增长，但这是由于单位处理成本的下降（遥感、气候控制设施、远程办公等），而这使客户不能有效地分类、过滤及使用信息（Mick and Fournier，1998）。

虽然如此，但是单位成本的降低使更多实体之间的联系和合作成为可能。这种合作不仅发生在企业与员工和供应商之间，还发生在企业与客户之间。正是由于合作的增强，瓦戈、勒斯克和布赖恩（2007）提出四种推动这一趋势发展的要素：开放的标准、专业化、连通性、网络的普遍性。开放的标准使信息逐渐系统化而非不对称，更多的信息和经验可以被共享，从而使合作成为规范，鼓励创新；专业化使各实体之间彼此依赖和需要，合作也就自然增多；连通性使市场这个系统可以对供需做出快速的反应，也即市场更加灵活；网络的普遍性加速了上述三个要素的效果，从而促进了更多的合作和创新。

总的来说，信息技术是促进合作继而通过整个价值网络创新的关键力量。基于此，瓦戈、勒斯克和布赖恩（2007）提出信息技术的持久优越性及降低的沟通和计算成本为企业通过创新性的合作获取竞争优势提供了机会。

命题 4：合作、联合生产、联合创造价值。

客户是永远的合作伙伴不仅是 S－D 逻辑下的前提之一，也是当今市场营销领域的关注方向（Bendapudi and Leone，2003；Prahalad and Ramaswamy，2004）。然而经常被忽视的是合作事实上有两个要素，其中"联合创造价值"（Co－creation of Value）这一概念与 G－D 主导的市场中的理解有很大的区别，G－D 逻辑下价值是作为生产过程中产品的增加值；而 S－D 逻辑下价值仅能由消费者在使用过程中决定。因此，联合创造价值与"使用中的价值"有着内在的相关性，此外，其与客户经历（Customer Experience）（Pine and Gilmore，1999；Smith and Wheeler，2002）这个概念有着很高的相关性，在帕苏拉曼和格雷瓦尔（Parasuraman and Grewal，2000）的"质量—价值—忠诚链"的模型中被认为是感知价值的重要因素。

合作的第二个要素是"联合生产"（Co-production），其可以在与其客户或是价值网中的合作伙伴之间通过合作设计、共享发明等形式实现。比如，一个客户组装宜家（IKEA）的家具；一个人在理发过程中给理发师提建议或者零售商与生产商共同制定零售营销计划等。联合生产与联合创造价值一样，与客户经历这个概念也有一定的相关性。

因为联合创造价值和联合生产将客户看作是内生的，故其与 G-D 主导的市场中生产的概念是不同的。传统的营销及消费者研究学者更多关注的是与买方有关的产品和交易，只注重联合生产（Bendapudi and Leone，2003），然而在 S-D 主导的市场中，价值是联合创造的，因此，我们需要将关注点转到关系和消费行为上。此外，联合生产和联合创造不仅涉及生产商和消费者，还包括其他的组织（价值网中的成员），资源整合是一个企业最主要的职能（Vargo and Lusch，2006）。由此，企业通过联合客户及其合作伙伴进行共同生产及价值创造的活动来获取竞争优势。

命题5：联合创造价值。

企业通过服务竞争取胜的一种可能是发掘联合创造价值的有效、创新的方式。与顾客一起做事而非为客户做事是 S-D 主导市场下的特点之一。产品可能是关系中的工具，但它们不是关系的参与方，无生命的交换不能拥有关系（Vargo and Lusch，2004）。因此，S-D 逻辑对理解客户体验的演化过程有很大帮助。

随着组织的逐渐专业化，他们会更需要依赖其合作伙伴，从而联合创造价值，这就意味着组织会更加依赖其他组织所拥有的资源，当然，这些资源有的是私有的、有的是公共的。例如，有人买了辆小汽车，但还得拥有高速公路、公共停车位的使用权以及遵守交通法规。因此，随着时间的推移，客户会有另一种服务的体验，与上述公共资源不存在下的体验是完全不同的。简单来说，资源对创造价值而言是内生性的，通常包括传统上划分的不可控资源，即存在于企业外部环境中的资源。当然，这也表明客户在创造价值的过程中是资源的主要整合者，其通过服务体验来承担上述角色，并通过生活的体验来提高生活的质量。综上所述，理解客户如何整合和体验与服务有关资源（私有的、公共的）的独特性是通过创新产生竞争优势的来源之一。

命题6：联合生产服务。

总的来说，客户参与多种服务的生产过程的程度逐渐提高（Bendapudi and Leone，2003）。基于勒斯克等（1992）的研究，瓦戈、勒斯克和布赖恩（2007）提出了评断客户在联合生产服务中的主动参与程度的六大关键因素，零售商和其他组织为了开发创新型的服务战略可以使用这些因素，其描述如下：

专业知识（Expertise）：组织更有可能参与联合生产，如果其拥有所需要的专业技能（如操作性资源）；可控性（Control）：当个体或组织想要控制流程或者服务的结果时，联合生产更为普遍；实体资本（Physical Capital）：组织更有可能参与联合生产，如果其拥有所需要的实体资本；风险承担（Risk Taking）：联合生产涉及物理的、心理的和/或社会层面的冒险，但这并不必然意味着联合生产会带来风险的增加，因为联合生产也可能降低风险；精神利益（Psychic Benefits）：人们参与联合生产的主要原因之一是为了单纯享受，获得精神上的收益；经济收益（Economic Benefits）：感知的经济收益在联合生产中起中心作用。

上述六个要素不仅说明客户期望参与联合生产的动机，同时也可用来判定客户想要参与联合生产的程度（Lusch et al.，1992）。此外，企业可能会提供一定的服务从而帮助客户成为服务运营的一部分。这些要素同时也是客户体验的基础（Smith and Wheeler，2002；Schmitt，2003）。因此，企业需要考虑（勾画）与服务提供相关的整个体验过程，施密特（Schmitt，2003）认为，这是客户体验管理框架的基础，它包括以下几点：①分析客户的体验世界。②建立体验平台。③设计品牌体验。④建造客户界面。⑤进行持续的创新。基于此,瓦戈、勒斯克和布赖恩(2007)提出,企业提供与服务有关的联合生产的机会及资源并结合客户的参与,通过增强客户的体验来提升企业的竞争优势。

命题7:联合生产、联合创造、定价。

S-D主导的逻辑给零售商和其他成员提供针对价格维度更为有效的竞争方式吗?这个问题之所以重要,瓦戈、勒斯克和布赖恩(2007)认为,因为只有通过低成本或者增长的收入才能提高企业的财务绩效。我们都知道单位价格乘以售出的单位数是总收入。如果优秀的服务战略可以产生更好的绩效表现,那么客户便很乐意去支付较高的单位价格或是购买更多的服务。但这并没有回答上述问题,即告知市场人员怎样通过优秀的服务来获取更好的财务绩效。然而,非常重要的一点是S-D市场的确给上述问题提供了工具性的概念指导。

通常我们认为企业应该主动将生产和定价策略联系起来,S-D主导的逻辑认为,应该将定价从联合生产中延伸到企业价值定位上(Lusch and Vargo,2006)。价值定位可以看作是卖方对交换中的价值和使用中的价值之间关联性的一种承诺。索内(2006)将这定义为风险和所得共同承担和分享。这里的交换中的价值(价格)与客户感知的价值是相关的。因此,基于风险和所得共担的定价模式应该成为发展服务战略的一部分。如果买方和卖方在某些方面需要共同承担风险或者分享收益,那么合作应该更有效果。

零售商也可以使用这种风险和所得共担的定价模式吗?瓦戈、勒斯克和布赖恩(2007)认为,这是当然的,因为事实上,是生产商、零售商及其他价值网络中的成员联合创造价值的定位。这种联合的价值定位可以增加双赢甚至是多赢的可能性。基于此,企业通过采用合作开发、基于风险的定价(对价值定位)可以更有效地进行竞争。

除上述七个命题外,瓦戈、勒斯克和布赖恩(2007)还提出,当价值网络中的成员成为主要的整合者时,其将具有更强的竞争力(命题8a);事实上由于零售商的特性,使其处于成为资源整合者的最有利的位置(命题8b);企业如果将其员工看作是操作性资源则会开发出更多新的知识和技能，从而获得竞争优势（命题9）。

以上瓦戈、勒斯克和布赖恩（2007）从服务主导市场中竞争的基础——服务，到竞争优势的来源——知识和技能，再到联合生产、联合创造价值、定价、资源整合商、企业员工等九个方面深度分析了以服务为主导的市场中，企业之间的竞争及想要获取竞争优势的关键点。

与此同时，格雷和马蒂尔（Gray and Matear, 2007）从以下问题"如何将企业采用服务主导的逻辑操作化？什么样的实证研究适合去检验服务导向的市场这一逻辑？服务导向的逻辑相对于其他逻辑而言，对营销实践而言更有效吗？"出发，总结了服务主导市场中的成功企业在竞争优势上的五个表现：市场导向、创新、品牌声誉、信息技术、人力资源管理，并指出尽管服务能带来经济效益，但服务不是企业持续竞争优势的来源，当然产品也不是。持续竞争优势的唯一来源是知识，因为知识可以带来服务的创新（Gray and Matear, 2007）。这就要求企业发展合作能力（Collaborative Competence），因为它可以促进组织吸收和适应能力的发展，更好地吸收外界的知识和信息及更好地适应环境的变化（Vargo and Lusch, 2007）。当然，一个组织自身合作能力即吸收和适应能力的高低也必须会影响其对采购服务带来的价值。

四、服务化战略

过去十年，企业发生了很大的变化，其从提供产品转为提供产品服务再到提供解决方案以增强其竞争地位、保护其边际收益（Sawhney, 2006）。西方经济开始依靠扩大其市场份额中的产品—服务的价值传递体系来增强其竞争力（Wise and Baumgartner, 1999；Neely, 2008）。这与生产型企业逐步使用产品—服务的要素而非纯产品要素进行生产是一致的（Manzini et al.，2001；Mont，2001；Manzini and Vezzoli，2003）。因此，很多生产型企业试图增加其服务的销售额来促进企业的增长（Wise and Baumgartner，1999；Reinartz and Ulaga，2008）。范德美和拉达（1988）把这一过程定义为服务化（Servitization），具体是指组织的战略创新，通过创新运用企业的能力和流程从卖产品转向卖产品与服务的集成物从而向客户传递价值。这种以客户为中心的转变旨在向客户提供他们所期望的结果。服务化具有两个明显的特征，首先，从以产品为导向的服务转向以顾客流程为导向的服务；其次，供需双方的互动从以交易为目的转向以关系为基础（Oliva and Kallenberg，2003）。

服务化这个概念最早是由范德美和拉达（Vandermerwe and Rada，1988）提出的，它被看作是通过向产品添加服务要素从而增加价值的过程。自 20 世纪 80 年代末，"服务化"作为生产竞争战略被许多学者（Wise and Baumgartner，1999；Oliva and Kallenberg，2003；Slack，2005）加以探索，旨在知晓这一概念的发展和意义，无论是学术界，还是实践和政府人士对这一概念都表现出了极大的兴趣（Hewitt，2002）。服务化围绕的研究主题可分为一般概念和定义、服务化的驱动因素、服务化的挑战、成功实施服务化战略的指导原则等（Baines、Lightfoot、Benedettini、Kay，2008），以下将从这几个方面对服务化进行相关分析。

1. 服务化的定义

服务化的概念最早是由范德美和拉达（1988）提出的，他们将其定义为"逐渐增加全市场打包服务或者是客户关注的产品、服务、支持、自我服务及知识的束合物，从而为核心提供物增加价值。这里的服务是执行（Performed）而非生产（Produced）出来的，本质上是无形的"。

其他的有关服务化的定义如表 4 – 5 所示，广义上来说，学者们对服务化的定义大致上与范德美和拉达（1988）的相同，其中一点小的差异是路易斯（Lewis，2004）等的研究，他们将其看作是功能性的产品。在产品服务系统的研究领域中，服务化被看作是一种具体的产品—服务提供物（Tukker，2004）。可以看出服务化和产品服务系统（Product Service System，PSS）是学者从不同角度的研究，但他们之间有很多共性，都认为生产企业应该专注于销售整合的解决方案或者产品服务系统（Tukker and Tischner，2006）。贝恩斯（Baines）等（2007）将产品服务系统定义为一个整合的产品和服务的混合物，通过使用向消费者传递价值，而这被看作是 PSS 与服务化的关联之一。基于上述回顾，我们认为服务化是组织通过从提供产品到销售产品服务系统来为企业创造共同价值的一种能力和流程的创新过程。

表 4-5　服务化的定义汇总

作者	服务化的定义
Vandermerwe and Rada（1988）	市场打包服务或者是客户关注的产品、服务、支持、自我服务及知识的束合物
Desmet et al.（2003）	生产企业在它们的产品中越来越多地采用服务要素的趋势
Tellus Institute（1999）	基于产品的服务产生使生产和传统服务部门活动的差别逐渐模糊化
Verstrepen and van Den Berg（1999）	核心产品额外的服务要素
Robinson et al.（2002）	产品和服务的整合束
Lewis et al.（2004）	任何试图改变产品功能交付到市场方式的战略
Ward and Graves（2005）	生产商提供的服务范围的扩大
Ren and Gregory（2007）	生产企业以服务为导向，发展更多、更好的服务，旨在满足客户的需求，获取竞争优势，这一变化过程称为服务化

资料来源：T. S. Baines，H. W. Lightfoot，O. Benedettini and J. M. Kay. The Servitization of Manufacturing：A Review of Literature and Reflection on Future Challenges ［J］. Journal of Manufacturing Technology Management，2009，20（5）：547-567.

2. 服务化的演化

贝恩斯等（2009）指出，事实上在生产行业，对服务化的演变过程只有很少的研究。范德美和拉达（1988）的研究说明，企业是怎样由最初提供产品或者服务（如生产企业和保险公司）转到提供产品及比较相关的服务（如产品及维修服务、支持和金融服务等），最终转变为"提供市场打包服务或者是客户关注的产品、服务、支持、自我服务及知识的束合物"的。他们把这样一个转变叫作生产的服务化。在与管理相关的领域，服务化的发展可以追溯到20世纪90年代初，但市场营销领域也有学者认为，自20世纪60年代提出系统化销售战略时，服务化就已经开始了。在服务化的进程中，许多生产企业发生了巨大的变化，从提供产品转到提供服务，也使产品和服务的界限不是那样的清晰。此外，值得注意的是，从表4-5中我们也可以看出，服务化包含了很多与整合产品和服务相关的概念，例如，服务商业扩张（Vandermerwe and Rada, 1989；Wise and Baumgartner, 1999；Martin and Horne, 1992；Oliva and Kallenberg, 2003；Brax, 2005；Gebauer et al., 2004；Gebauer and Friedli, 2005），解决方案（Foote et al., 2001；Galbraith, 2002；Miller et al., 2002；Davies, 2004；Windahl et al., 2004；Davies et al., 2006a、2006b；Windahl and Lakemond, 2006），后营销服务（Cohen et al., 2006；Cohen, 2007），服务收益性（Coyne, 1989；Samli et al., 1992；Anderson and Narus, 1995；Gebauer et al., 2006；Gebauer and Fleisch, 2007）等。

服务化的概念产生于1988年，自此以后，美国和欧洲等地涌现了大量的有关管理和商业实践的研究，研究者的方向多是运营、服务或商业领域。

3. 服务化的特征

生产企业销售服务已经有一些时间了。然而，传统上将服务看作是对市场战略不利的事物（Wise and Baumgartner，1999；Gebauer and Friedli，2005；Gebauer et al.，2006），在这种观念下创造价值和核心部分的是产品，服务仅被看作是产品的添加物（Gebauer and Friedli，2005）。但随后生产和营销方式发生了很大的转变，服务逐渐变成整合产品与服务的差异化要素。现在价值定位中通常将服务看作是价值增加的重要活动（Vandermerwe and Rada，1988；Quinn et al.，1990；Gebauer et al.，2006），并将产品减少到只是提供物的一部分（Oliva and Kallenberg，2003；Gebauer et al.，2006）。事实上，很多企业认为服务化是未来经营的最有效的方式（Wise and Baumgartner，1999）。

服务化的特点之一是以客户为中心。客户不仅购买产品，其还定制解决方案，而要实现这种预期往往需要企业与其他供应商合作（Miller et al.，2002；Davies，2004）。奥利瓦和卡伦伯格（Oliva and Kallenberg，2003）认为，这种基于客户导向的战略有两个独立的要素，首先是从产品导向的服务转向顾客流程导向的服务（例如，从确保产品的功能或者说从客户对产品的使用到最终消费者使用该产品有关的流程的效率和效果）；其次是供需双方的互动从以交易为目的转向以关系为基础（例如，从卖产品到与客户建立并维持客户关系）。

事实上，服务化有很多种形式。学者们将服务化可变化的区间称为"产品—服务连续集"（Oliva and Kallenberg，2003；Gebauer and Friedli，2005；Neu and Brown，2005；Gebauer et al.，2008）。企业从传统意义上只提供产品，将服务作为产品的添加物，到将服务作为企业创造价值过程中的主要部分（见图4-4）。正如加保尔（Gebauer，2008）等的研究指出企业需要从服务的同层面或水平来寻找企业独特的机会，并面临相应的挑战，当然这是一个动态的过程，企业可以随着时间的推移，逐渐加强服务的主导性。

此外，维罗妮卡和马尔科（Veronica and Marko）等通过买卖双方交互的界面从另一个角度分析了服务化的连续集（见图4-5）。在评价服务化的程度上，学者们给出了四个评价指标（见表4-6），首先是"活动的价值基础"（Value Basis of Activities），其评估的价值作为吸引和挽留客户的主要驱动因素（Gundlach

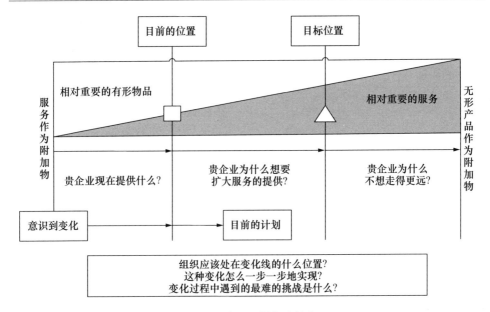

图 4-4 产品—服务连续集

资料来源: Oliva R. , Kallenberg R. Managing the Transition from Products to Services [J] . International Journal of Service Industry Management, 2003, 14 (2): 1-10.

表 4-6 组织服务化水平的判断标准

服务化的水平	高水平的服务化	低水平的服务化	文献
活动的价值基础	基于关系	基于交易	Gundlach and Murphy (1993), Lambert et al. (1996), Cannon and Perreault (1999)
资产的主要作用	资产使用	资产所有	Tukker (2004)
提供物的类型	一体化服务 (亲近客户，客户关系)	物质产品和外围的 服务 (支持作用)	Boyer et al. (2003)
生产战略	纯/大规模定制化生产	大规模生产	Gilmore and Pine (1997)

资料来源: Veronica Martinez, Marko Bastl, Jennifer Kingston, Stephen Evans. Challenges in Transforming Manufacturing Organizations into Product - Service Providers [J] . Journal of Manufacturing Technology Management, 2010, 21 (4): 449-469.

and Murphy, 1993; Lambert et al., 1996; Cannon and Perreault, 1999); 其次是"资产的主要作用"（primary role of assets），评估资产需求的本质，例如，资产使用关注的是交付过程而非有形资产的所有权（Tukker, 2004）；再次是"提供物的类别"（Offering Type）表明的是产品—服务谱，从有形产品和支持性的服务到全服务（Boyer et al., 2003）；最后是"生产战略"（Production Strategy），表明的是客户定制化的程度（Gilmore and Pine, 1997）。

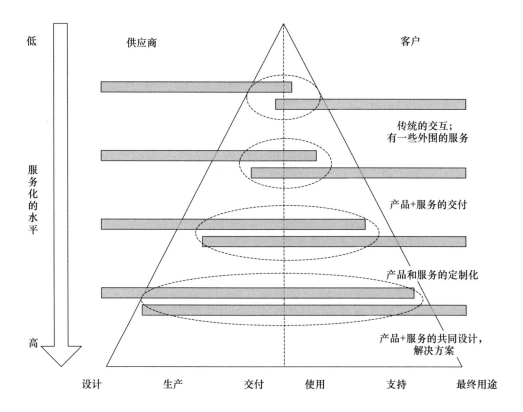

图 4 - 5 服务化连续集：供应商与客户之间的交互

资料来源：Veronica Martinez, Marko Bastl, Jennifer Kingston and Stephen Evans. Challenges in Transforming Manufacturing Organizations into Product - service Providers ［J］. Journal of Manufacturing Technology Management, 2010, 21 (4): 449 - 469.

由此我们可以看出，服务化有多种形式，可以是产品服务的一个连续的集，从产品、服务作为添加物到服务、有形产品作为添加物，而这种转变是用以客户为中心的战略旨在向客户提供他们所期望的结果。

4. 服务化的动因

一般来说，有三方面的因素推动企业采用服务化战略，即财务、战略（竞争优势）和市场（Mathe and Shapiro，1993；Mathieu，2001b；Oliva and Kallenberg，2003；Gebauer and Friedli，2005；Gebauer et al.，2006；Gebauer and Fleisch，2007）。

财务因素中经常被提及的是高边际利润及稳定的收入（Wise and Baumgartner，1999；Gebauer and Friedli，2005）。对于有高投入生产线的企业来说，沃斯和巴姆卡德（Wise and Baumgartner，1999）指出，在一些部门中，服务的收入会是新产品收入的 1～2 倍。斯莱克（Slack，2005）认为，在这样的部门中，潜在的高收入是存在的。同样地，索内等（2004）的研究中识别了成功运用服务化战略的企业（如 GE、IBM、HP 等），并且通过服务取得了稳定的收入。沃德和格拉夫（Ward and Graves，2005）强调，对现代复杂产品生命周期（如飞机）的重视，是推动采用现场服务从而确保收入的最重要的因素。而这些产品—服务的"混合物"对以价格为基础的竞争并不那么敏感（Malleret，2006），因此相较于单独提供产品而言，更能获得高的收入（Frambach et al.，1997）。最后，产品—服务销售额趋于反周期循环，不易受经济周期对产品采购的影响（Oliva and Kallenberg，2003；Gebauer and Fleisch，2007）。这可以使企业获得定期的收入并在市场和经济周期间寻得平衡（Brax，2005；Malleret，2006）。

战略因素的考量主要是为了获得竞争优势。通过服务要素将企业的提供物差异化从而提供重要的竞争机会（Frambach et al.，1997；Mathieu，2001b；Gebauer and Fleisch，2007）。基于服务所获得的竞争优势更持久，这是因为服务的不可见性、更加对员工的依赖和服务的难模仿性（Oliva and Kallenberg，2003；Gebauer and Friedli，2005；Gebauer et al.，2006）。当然许多研究者会提到市场的标准化，基于产品创新、技术优势、低成本等所形成的差异化都很难维持（Coyne，1989；Frambach et al.，1997；Mathieu，2001b；Gebauer and Fleisch，2007）。弗兰巴赫（Frambach，1997）等的研究指出，增加价值的服务可以增加客户的感知价值，而同种（同质）的物质产品则被看作是定制化的。这就为竞争对手增加了阻碍（Mathieu，2001b）。

市场机会一般理解为通过服务可以销售更多的产品（Mathe and Shapiro，1993；Gebauer et al.，2006；Gebauer and Fleisch，2007）。在营销领域，服务要素被看作是影响采购决策、评价产品重要性的一环。这在 B2B 市场或者工业市场中尤为如此，客户对服务更加渴望（Vandermerwe and Rada，1988；Oliva and Kallenberg，2003；Auramo and Ala－Risku，2005；Slack，2005）。创造更加灵活的企业、聚焦企业的核心能力、高的技术复杂性等压力使外包服务日益增加（Lewis et al.，2004；Auramo and Ala－Risku，2005；Slack，2005）。服务常被看作是创造客户忠诚度的砝码（Vandermerwe and Rada，1988；Correa et al.，2007），最好使客户更加依赖供应商。服务容易带来重复购买，通过与客户联系的机会，供应商可以在合适的时机提供其他产品或者服务（Mathieu，2001b；Malleret，2006）。通过服务企业可以对客户的需求有更好的洞察，从而提供更多定制化（剪裁）的提供物。

总的来说，服务化频繁发生的主要驱动因素有财务因素（如收入流及边际利润）、战略因素（如竞争机会和优势）和市场因素（如客户关系和产品的差异化）。

5. 服务化的挑战

服务化战略的实施面临着文化和合作上的挑战（Vandermerwe and Rada，

1988；Wise and Baumgartner，1999；Oliva and Kallenberg，2003；Brax，2005；Slack，2005）。概括来说有三方面：服务设计、组织战略、组织变革。

服务设计与产品设计有很大的不同，从本质上讲，服务是模糊的，很难去定义（Slack，2005）。这就不鼓励企业扩大其服务的维度（领域），特别是它们需要走出熟悉的环境，面对无法预期的竞争，竞争对手可能还包括自己的供应商、分销商及客户（Vandermerwe and Rada，1988；Mathieu，2001b；Oliva and Kallenberg，2003）。此外，在设计过程中也存在风险，这是因为所承担的先前由客户执行的活动可能会有新的挑战（Slack，2005），对其进行风险管理的投入可能会超过潜在的利润收益。因此，在服务的设计过程中，需要加强与客户的沟通，清晰地描述价值定位（Mathieu，2001a）。

决定实施以服务为导向战略的生产企业需要调整必要的组织结构和流程（Mathieu，2001b；Gebauer and Friedli，2005；Oliva and Kallenberg，2003；Gebauer and Fleisch，2007），这样做的挑战是需要定义组织战略以支持交付产品和服务结合物所需要的客户忠诚（Wise and Baumgartner，1999）。处在下游位置的企业，例如，安装基础服务，组织需要以服务为导向并重视服务（Oliva and Kallenberg，2003）。这些组织通过产品—服务的结合物来提供解决方案，趋向于以客户为中心，在了解客户需求的基础上并运用特殊能力，提供客户化的、令客户满意的产出（结果）（Miller et al.，2002）。温德尔（Windahl，2004）等的案例研究支持上述观点，他们强调了与客户成为伙伴的重要性，在提供解决方案时需要扩展自身的能力。然而，马蒂厄（Mathieu，2001b）的研究则指出服务管理的原则与传统生产实践不一致。

从一个传统的生产商变革到有效实施服务化所需要的组织战略面临特殊的挑战。服务文化是具体的，其不同于传统的生产文化（Mathieu，2001a、2001b），企业的理念也需要相应的转变，以服务作为企业竞争优势的来源（Coyne，1989；Oliva and Kallenberg，2003；Slack，2005）。这需要通过长期的实践和态度的转变（Vandermerwe and Rada，1989；Foote et al.，2001）。例如，放弃以前的以产品为中心的结构转变为以客户为中心（Foote et al., 2001；Galbraith, 2002；Windahl and Lakemond, 2006）。实施上述变化，企业很可能会遇到组织内部的变革阻力，其原因是不了解服务战略或是害怕基础设施的变化（Mathieu, 2001b）。创造以服务为导向的环境并寻找合适的人执行是成功的关键。为了提供服务，管理人员需要理解人是企业的主要资产（Mathieu, 2001b）。然而，很多研究表明，采用服务化战略并没有带来预期的高收入（Coyne, 1989；Neely, 2007）。加保尔和弗里特利（Gebauer and Friedli, 2005）将这种现象定义为"生产企业中的服务悖论"，与此相关的是有组织和文化上的障碍。总的来说，传统的生产企业采用服务化战略会面临服务设计、组织战略和组织变革三方面的挑战。

6. 服务化的案例

很多案例研究旨在探索企业对服务化战略的采用情况（Wise and Baumgartner, 1999；Mont, 2001；Miller et al., 2002；Davies, 2004；Davies et al., 2006a、2006b）（见表4-7）。这些例子都是从下游通过服务发掘新机会。典型的服务可以将其分为四类（Wise and Baumgartner, 1999）：嵌入式服务（Embedded Services），是指将传统的下游服务内嵌在产品中；综合性服务（Comprehensive Services），例如，美国通用电气公司（以下简称GE）围绕其产品市场提供的服务（如GE的资本融资活动）；整合解决方案（Integrated Solutions），企业超越传统产品市场，考虑其客户的全面需求（如诺基亚提供网络基础设施的解决方案）；分销服务（Distribution Services），例如，可口可乐公司在超级市场（大量、低边际收入）运用的服务方式用以占有货架的空间。

尽管表4-7描述了企业在实施服务化进程中的一些领先实践方式，但同时也表明这个领域的局限性。大多数的企业是大的公司，拥有雄厚的资本。

表 4 - 7 服务化的例子

企业名称	服务化的描述	来源（文献）
Alstom（阿尔斯通）	维护、更新运营的火车和信号系统	Davies（2004）
ABB	交钥匙的发电工程项目	Miller et al.（2002）
Ericsson（爱立信）	对手机网络的交钥匙解决方案（设计、建设与运营）	Davies（2004）
Nokia（诺基亚）	诺基亚网络设施解决方案，提供网络设备和相关服务	Wise and Baumgartner（1999）；Davies et al.（2006a、2006b）
Thales（泰勒斯）	飞行人员的培训和模拟建筑物的管理	Davies（2004）
Rolls - Royce（劳斯莱斯）	能源按小时提供从而保证航空发动机的飞行时间	Howells（2000）
Xerox International（施乐国际）	文档管理服务，保证单位的固定成本	Mont（2001）
WS Atkins（英国阿特金斯）	系统集成服务和外包解决方案	Davies（2004）

资料来源：T. S. Baines，H. W. Lightfoot，O. Benedettini and J. M. Kay. The Servitization of Manufacturing：A Review of Literature and Reflection on Future Challenges［J］. Journal of Manufacturing Technology Management，2009，20（5）：547 - 567.

除了服务化转型的成功案例（例如 IBM、GE、西门子、惠普、ABB、OTIS 等）之外，我们也观察到一些失败的案例。例如，英特尔公司（Intel）曾经投资 1.5 亿美元成立一个数据中心，试图为企业提供数据服务。但是三年之后英特尔公司关闭了这个数据中心，并重新回到核心的微处理器领域。另外，波音（Boeing）公司也曾尝试提供金融服务，但没有获得成功（Sawhney et al.，2004）。这种现象称为"服务化战略悖论"（Gebauer et al.，2005）。奥古斯特（Auguste，2006）等肯定了制造商服务化转型的难度，强调制造企业需要更清晰地理解服务领域的新战略规则，并将规则融合到它们的运作中，才能实现快速增长。丰（Fang，2008）等指出，不恰当的服务化转型可能会使企业失去战略重点，产生组织冲突。

随着服务化的潮流，这一过程使人们对服务和服务市场有了新的兴趣

（Vandermerwe and Rada，1988），组织、市场以及整个社会开始关注服务的交换。由此，在这种以服务为主导的市场中，有关服务和市场的理论也应该从产品的交换转向以无形资源为载体的服务的交换（Vargo and Lusch，2004）。

五、京津冀信息服务企业服务化战略案例

用于进行案例分析的资料和数据来源有多个方面：首先，对 W 公司的调研和深度访谈，其中访谈对象包括公司高层领导、中层管理人员以及主管部门等；其次，案例研究分析的数据来源于各行业的分析报告和发展规划文件；最后，数据来源包括公司的财务报表以及内部的管理制度等。

1. W 公司基本背景

W 化学公司成立于 1993 年，是专业生产高档酒店用清洁产品及特种洗涤剂的化学公司，总部设在北京。公司的生产基地坐落于北京市通州区的北京工业开发区内，拥有 24000 平方米的厂区、12000 平方米的生产车间，具有年产各类精细化学品 15000 吨的产能。经过 18 年的发展，公司员工人数从创业初期的 18 人发展到 300 余人，企业从一个区域性微型公司逐渐发展成为拥有两个生产基地（北京 30 亩，广东佛山 15 亩）和 17 个分支机构的全国性企业。

W 公司目前的业务主要有三类：工业业务、宾馆类业务和租赁业务，其中工业业务横跨汽车制造业、石油化工业、冶金业和机械与电子制造业等多个行业。宾馆类业务主要是为各类宾馆酒店提供清洁剂、清洁用品等，目前竞争比较激烈，整个市场有上千家公司。租赁业务即洗碗机租赁业务，是由 W 公司创新并刚刚运行的一种业务模式，也是本书重点分析的业务类型。与业务类型相对应的

是，W 公司的产品和服务也主要包含三大类：工业专用清洁剂系列、商务酒店专业清洁剂系列和洗碗机租赁服务系列。

2. W 公司变革的动因

（1）商务洗涤剂激烈的市场竞争格局。W 公司从创业之初就致力于开拓商务洗涤剂市场（商务洗涤剂是面向星级宾馆饭店的洗涤用品的总称），包括客房及公共区域专用洗涤剂、餐饮专业洗涤剂以及洗衣房专用洗涤剂等。商务洗涤剂市场是随着涉外商务酒店在中国的出现，于 20 世纪 80 年代中期才在中国兴起的。1986 年，美国泰华斯公司与大连油脂化工厂在大连合资建立第一家专门生产商务洗涤剂的公司。20 世纪 90 年代，商务洗涤剂发展成为一个独立的市场，不少小型合资、独资、个体企业纷纷加入其中。国内商务洗涤剂市场可以分为三个梯队，美国"艺康"和"庄臣"两大国际品牌作为行业的第一梯队，一直以品质优、价格高和服务质量好而著称。凭借其在国际市场上的知名度和美誉度，"艺康"和"庄臣"的产品一直被许多企业所采用，仅在酒店商用洗涤剂领域，其销售额就达到了 1.5 亿元。第二梯队则集中了 20 多家国内生产厂商，其特点是质量较好，价格适中，服务较好。这些企业在产品、定价和促销等方面具有很大的同质性。处在第三梯队的均为地方小企业，共计有千余家。这些企业通常专注于一个特定的区域市场，依靠人脉关系和低价格占据一定的市场，产品质量和服务水平参差不齐。

随着国内消费者个人收入水平的提高，外出旅游和餐饮费呈逐年上升的趋势，商务洗涤剂的需求量也随之增大。尽管如此，该领域是一个既混乱又竞争激烈的行业，主要表现为以下几个方面：一是同质化竞争严重。商务洗涤剂产品低技术含量的特点，决定着该行业的进入门槛很低。即便某公司推出差异化的产品，竞争对手也会很快破解、模仿其配方，推出价格更低的相关产品。二是销售货款回收困难。对餐饮、宾馆饭店的洗涤剂产品的销售基本上采用先货后款的定期或不定期的结算方式。账期（回款时间）大都在两三个月以上，长的甚至可达半年以上，造成大量的资金被长期占用。三是产品损耗大。商务洗涤剂采购使用方（客户）的强势地位，加上上述结算方式的缺陷，使客户往往采用一次大批量订货的采购方式，并疏于对产品的保管要求（温湿度、包装、容器等）和使用登记制度，一旦产品包装破损或变质，便以质量问题或其他理由要求退货。四是商务洗涤剂生产企业的规模小，销售市场具有很强的地域性。因此，人际关系和营销公关成为进入市场的重要砝码，竞争异常激烈。

（2）我国餐饮业对洗碗机望而却步。在商务洗碗机领域，中国很多餐饮企业受到固化理念和价格竞争的影响，节约成本的愿望非常强烈，更倾向于人工清洗。目前商务洗碗机仅在三星级以上的宾馆饭店内得到基本普及。一般的社会餐厅的卫生程度、就餐环境、食客层次等与星级酒店相差较大，大都采用人工洗碗，虽然成本低但餐具的卫生无法保证，且餐具的破损率（平均月破损率为10%）高达洗碗机机洗破损率的10倍。且洗碗机市场被欧美国家的几个大品牌所垄断，如美国的"霍巴特"、德国的"温特豪德"和"迈科"、瑞士的"伊莱克斯"。无论是购买洗碗机还是洗碗机维护，其成本都非常高，很多餐饮企业顾及高昂的洗碗机成本及在使用过程中还需要为此支付专用洗涤剂、更换配件、免费服务期满后的维修保养等诸多费用而放弃使用。经过细致的市场调查，W公司发现内地的社会餐厅有95%以上没有使用洗碗机。

（3）政策导向和人们观念的转变。近年来，随着诸多食品卫生问题的暴露，餐饮业饮食卫生问题越来越受到政府有关部门的重视。2009年6月施行的《中华人民共和国食品卫生法》第四章第十二条：食品容器、包装材料和食品用工具、设备必须符合卫生标准和卫生管理办法的规定。该条例严格规定了餐饮业餐具、洗具必须达到很高的卫生标准，并对违反相关卫生条例的企业进行严惩。这些法律法规严格规定的餐饮食品安全卫生标准充分表明了相关部门的政策立场，为符合质量卫生标准的洗碗机经营提供了政治法律支持，也拓宽了W公司洗碗机租赁业务的发展前景。随着生活水平的提高，人们越来越追求高品质的健康生活状态。尤其在饮食方面，好吃实惠不再是决定性的标准，消费者最重视的是健康卫生。在这种消费文化的影响下，越来越多的餐厅开始重视卫生状况，促使其从食品本身到餐厅环境再到餐具洗具都必须达到合格的卫生标准。

（4）扩大商务洗涤剂客户群的潜在可行性。W 公司商务洗涤剂的客户多为三星级以上酒店，而境外同类企业的客户以连锁酒楼居多，如泰华斯香港分公司在中国香港最大的客户是一个连锁的酒楼（豪皇酒楼），其在中国香港有 60 余家分店，仅面向这一客户年销售额就超过 600 万元港币。在内地，社会餐厅和酒楼为数不少，如在北京市就有餐厅、酒楼超过 20 万家，按 90% 的餐馆没有洗碗机计算，W 公司面对的是一个 18 万家餐馆的市场。近年来，我国的餐饮业发展非常迅速，其营业额连续 18 年实现两位数增长①，表 4 - 8 是 2004～2010 年餐饮业零售情况的汇总，其已经成为拉动消费、实现增长、扩大就业的重要因素之一②。

表 4 - 8   2004～2010 年餐饮业销售情况

年份	餐饮业零售额（亿元）	同比增长（%）
2004	7286	21.6
2005	8886.8	17.7
2006	10345.5	16.4
2007	12352	19.4
2008	15404	24.7
2009	17991	16.8
2010	22436	24.7

资料来源：中经网。

餐饮业的快速发展与国家有关政策的支持以及人们健康卫生观念的成熟为洗

① 2009～2012 年中国餐饮行业竞争格局与投资战略研究咨询报告［EB/OL］. http://www.askci.com/reports/2009 - 09/200993174750.html.
② 2010 年餐饮行业消费趋势分析预测［EB/OL］. http://www.wenmi114.com/wenmi/lunwen/zonghelunwen/2010 - 04 - 12/20100412196215.html.

碗机经营带来了更大的商机和更广阔的市场，如果能顺利争取到这一市场，势必会带动商务洗涤剂的销售，从而为企业创造新的蓝海。2007 年以前，面向餐馆的商务洗碗机、洗涤剂产品的销售业务，各企业均采用单品销售的传统做法，W公司也是如此，即商务洗涤剂和商务洗碗机两类产品采取分类、分开销售的政策，不实行组合式产品营销策略。且从上述分析中我们可以看出，客户关注的仍然是资源供应方面的要素，即能否质优价廉地提供客户所需要的产品，同时保障客户洗涤质量的一致性，降低客户支付成本等。上述因素为 W 公司服务变革提供了重要的动因。

3. W 公司变革前后的两类服务

面对上述各种因素，W 公司思考一种新的商业模式，即服务化战略。服务化的概念最早是由范德美和拉达（1988）提出的，他们将其定义为"逐渐增加全市场打包服务或者是客户关注的产品、服务、支持、自我服务及知识的束合物，从而为核心提供物增加价值"。可以说 W 公司通过服务化战略为客户提供了新的选择。

（1）W 公司新的服务——洗碗机租赁模式。W 公司的洗碗机租赁业务引进了在国际餐饮业中普遍流行的成本保全（Guarantee Cost）操作方案。所谓成本保全操作方案是由洗碗机及洗碗机专用清洁剂的供应厂家联手制定实施的为信誉良好的餐饮业者提供的集提供、使用保障、专用清洁剂供应为一体的综合性一揽子解决方案。

W 公司依靠先进的技术、较强的生产能力同时为客户提供洗碗机、洗碗机维护以及洗碗机专用清洁剂，解决了一般餐饮客户要同时面对洗碗机提供、维修和洗涤剂提供三个供应商的问题。W 公司提供洗碗机是采用租赁的模式，客户每月向 W 公司缴纳一定的租金，获得洗碗机的使用权，并享受 W 公司提供的专用洗涤剂和专业维修等产品和服务。一般单个租期为五年，租金在当月缴纳。这种业务模式使餐饮业客户无须支付昂贵的洗碗机购买费用和高昂的洗碗机专用清洁剂费用，也无须再为使用过程中的设备故障维修而操心，只需按月支付一定金额的租赁费（租赁费相对于洗碗机购买价格来说很低），即可获得并享受使用高质量的洗碗机及随之带来的全部好处。

W 公司洗碗机租赁业务的系列产品主要有 SD - 700（700C）单缸掀门式洗碗机、SC - 1080 单缸通道式洗碗机、蓝宝（膏体洗涤剂）、催干光亮剂和除垢剂。以上每一种产品都是采用先进技术、合格工艺精心制造，并获得多项质量和环境管理认证，完全符合国家安全标准和环保标准。

从上述洗碗机租赁模式的内涵以及 W 公司具体的操作方式可以看出，W 公司由传统产品（洗碗机和洗涤剂）的分别销售模式转向以客户的需求出发，为客户提供集洗碗机提供、使用保障、专用清洁剂的供应为一体的综合性一揽子解决方案，即由传统的以产品为导向的经营转变到以产品作为服务的附加物提供给客户。我们认为，W 公司变革前后所提供的两类服务与本研究中对服务采购的分类是一致的，即变革前的以被操作性资源为基础的服务（洗碗机和洗涤剂的分别销售）和变革后的以操作性资源为基础的服务（为客户提供集洗碗机提供、使用保障、专用清洁剂的供应为一体的综合性一揽子解决方案）。

（2）洗碗机租赁模式成功的保证。W 公司在洗碗机租赁业务上有四大优势：一是 W 公司拥有自主品牌的洗碗机。二是 W 公司拥有大型工厂生产清洁剂，还有洗涤剂的自动分配系统——分配器①。三者组合能够以优惠的方式提供给客户，而其他厂家有的只有洗碗机，有的只有清洁剂，而缺一个都无法进行租赁。三是 W 公司拥有专业的售后服务队伍。洗碗机租赁不同于销售，公司必须保证机器常年在 24 小时都能正常运转。一个强有力、反应快速的售后服务队伍是租赁业务所必需的，这也是 W 公司多年积累下来的优势。四是 W 公司有一定的资

---

① 分配器的原理是自动测试洗碗机主洗水缸中的洗涤剂的化学浓度，当浓度不够时分配器会自动工作添加化学品至设定的浓度，当浓度达到设定值时自动停止添加化学品。分配器最大的优势就是"把人为因素降到最低、保证餐具的洗涤质量稳定、卫生达标"。

金实力保障，租赁业务前期投资很大，需要长时间才能收回成本。

当然，洗碗机租赁模式的成功还有一个重要的保障是 W 公司比以往更加关注客户的需求，通过与客户之间的良好互动，形成了长久的合作关系。例如，在合作过程中，W 公司了解到粉体状清洁剂在使用过程中经常发生受潮结块、堵塞洗碗机下药口的现象，使分配器不能够准确添加，同时也给使用者带来诸多不便。但分配器是从国外进口的，所有分配器全世界也只有数家公司生产，且所有进口药液自动添加分配器都是为使用粉体状清洁剂而设计的，且价格昂贵。因此，W 公司决定独立开发"分配器"来解决客户的困扰。

W 公司的开发人员进驻客户企业的餐厅，客户企业的直接相关人员也被邀请参与分配器开发的项目中，经过多轮的开发—修改—再开发—再修改—试用等环节，最终在双方的通力合作下，W 公司成功开发了适用于洗碗机专用的液体清洁剂的分配器。伴随着液体型分配器的开发成功，配套推出的洗碗机液体专用清洁剂也一同推向了市场，这彻底消除了使用固体清洁剂的弊端，很快被广大客户接受和喜爱。

目前，W 公司已经尝试性地租赁了 200 多台洗碗机，主要集中在北京，但由于一些连锁餐厅在其他地方也有分店，所以在上海和广东等地也租赁了一些洗碗机。经过一段时间的观察分析，W 公司制定出了一个明确的发展计划，目前 W 公司已经向产业链上游发展，引进了德国先进的商务洗碗机技术的生产。截至 2011 年，W 公司已经与"味道""千拉面""永和大王""眉州东坡""权金城""汉拿山"等全国型的餐饮连锁企业签订了长期的合作协议。

（3）洗碗机租赁模式的应用案例。以 Y 餐饮连锁公司为例，如果采用购置商务洗碗机的方式，其初期投入成本将非常庞大。2009 年，Y 公司有自营店 166 家、加盟店 279 家，共计 445 家门店。由于其店铺面积较大且客流量大，需要安装通道式商务洗碗机。如果每一家门店都自购一台通道式洗碗机，即使按 50000 元/台的最低价格计算，也需要前期投资 2225 万元巨款。此外，Y 餐饮连锁公司各门店还需要每月支付不菲的维修保养和洗涤剂费用。

从访谈中我们了解到，Y 餐饮连锁公司自与 W 公司合作以来，由于 W 公司免费为 Y 餐饮连锁公司的每一个门店安装了商用洗碗机，并且为 Y 餐饮连锁公司的每一个门店所使用的洗碗机提供免费保养及免费的洗碗机配件。W 公司还为每一个门店所使用的洗碗机提供足量的专用清洁剂，具体品种包括洗碗机专用洗涤剂、洗碗机专用催干光亮剂、洗碗机专用除垢剂。而 Y 餐饮连锁公司只需支付一个 3000 元/月的固定费用，即可获得一揽子的服务。

4. 联合创造价值的 W 公司新服务

（1）W 公司客户感知价值的变化。与 W 公司有洗碗机租赁业务的客户，在与 W 公司合作之前，有的没有使用过洗碗机，即采用人工洗碗方式；有的则使用洗碗机，但是以自购的方式（不是租赁）。正是这种独特的情形，使我们有机会了解客户在使用洗碗机租赁业务前后所感知的价值变化。

在与 W 公司客户的访谈中，我们了解到与传统的人工洗碗相比，洗碗机有许多优点：省去了人工洗碗的抹擦等步骤，具有消毒、烘干等环节，提高了卫生状况，减少了病菌感染的机会；自动控制水的用量，有一定的节水效果；采用立体喷射水流，使深碗的角落也能得到清洗。此外，与洗碗机销售相比，租赁业务有很大的成本优势，可以低成本吸引很大一部分顾客，特别是一些小型餐厅，洗碗机较高的成本曾让它们望而却步。

表 4-9 和图 4-6 说明洗碗机租赁在客户使用效用上具备绝对优势，而且可以为客户提供其他两个方式没有提供的额外增值服务。这种模式推出后，得到了客户的广泛接受和认同。从上述感知价值中，我们了解到这种新的业务模式不仅降低了客户的采购成本，还降低了客户的交易成本（搜寻新的供应商、维修、沟通、谈判等的花费），密切的合作使双方之间的信任加强，提高了关系价值。而技术上的支持和对客户细小需求的认真对待提高了客户的感知技术价值。此外，W 公司的很多客户在访谈中都纷纷表示想要与 W 公司建立长期合作关系。

表4-9　W公司客户感知价值的变化

成本 ＼ 方式	洗碗机租赁	洗碗机购买	人工洗碗
机器的购置成本	低	高	无
维修成本	低	高	无
清洁剂成本	低	高	高
人工成本	低	低	高
卫生问题出现概率	低	低	高
餐具破损率	低	低	高
额外辅助设施（接台、热水器等）	有	无	无

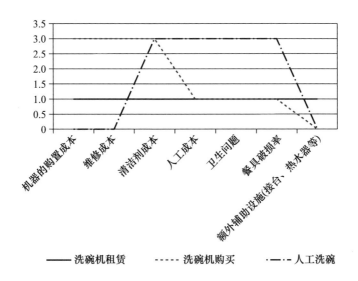

——— 洗碗机租赁　　- - - - - 洗碗机购买　　-·-·- 人工洗碗

图4-6　W公司客户感知价值的对比

注：纵轴是在洗碗机租赁的各项成本化为1的基础上对购买和人工洗碗两种方式成本的折算。

（2）W公司经营绩效的变化。对W公司来说，这一新的服务模式能否为公司带来较高的投资回报呢？事实证明，W公司的发展呈现出了较好的状态，其总体的经营规模和利润率都有的实质性的提升，到2009年公司已经成长为年销售收入为9830万元，在商务洗涤剂行业排名第三位的挑战者。此外，在业务竞争力上，这种服务战略产生了较好的绩效，以北京为例，短短一年间，W 洗碗机保有量由 132 台增加到 778 台，分配器的开发成功使 W 公司的年销售收入在其后两年由几百万元提升到 2000 万元。特别是在商务洗碗机领域，以往单纯的产品销售，往往陷入行业价格战的泥潭，其纯利润率不足 10%，而采用新的服务模式后，企业的纯利润率提升到了 30% 左右，而且维系了一大批长期合作的客户。

综上所述，我们可以看出 W 公司的新服务——洗碗机租赁模式节约了分散性销售和管理（亦即客户购买洗碗机、维护洗碗机、保证洗涤质量、劳工支出等活动）所产生的直接和间接费用，也使客户在获取整体服务价值的同时，享受到了更为低廉的总成本价格。在传统的产品服务中，供应商只是简单的产品提供者和产品的制造者，而在新的以服务为导向的洗碗机租赁业务中，供应商的角色具有多重身份，一方面供应商既是产品的制造者和提供者，另一方面供应商更是服务系统的设计者和要素的整合者。而新的服务模式中，客户的角色也发生了相应的变化，不再只是通过购买转移产品地点的买方，而是通过参与和互动与服务供应商协同创造价值的不可或缺的一方。

第五章
服务业 500 强企业竞争力研究

20 世纪 80 年代以来，在经济全球化浪潮的推动下，西方发达国家的制造业纷纷被转移到发展中国家，与此同时，服务经济，尤其是生产性服务业（Producer Services）得到迅速发展以适应全球化经营带来的挑战。西方发达国家从"工业经济"进入"服务经济"时代，产业结构中服务业比重由于生产性服务业的快速发展而显著上升。传统消费性服务业不再是服务业的主体，高技术含量、知识密集、高附加值和高管理水平的生产性服务企业带动了服务业发展浪潮，也成为驱动区域发展和经济增长的动力。可以说生产性服务业已成为国际服务业中成长速度最快和最值得关注的部分，代表了国际服务业发展的新动向。随着生产性服务业的发展与成熟，其正逐渐成为现代经济增长的牵引力和经济竞争力提高的助推器，并且逐渐成为现代经济增长的基本动力来源。

一、服务业和生产性服务业

服务业的概念最早源于西方"第三产业"这个概念，西方经济学家从不同的角度对第三产业进行过分析，在不同程度上揭示过"第三产业"的经济范畴及发展规律。1935年，英国经济学家、新西兰奥塔哥大学教授埃伦·费希尔在其所著的《安全与进步的冲突》一书中，最先提出了"第三产业"的概念，并用于国民经济产业结构的划分，从而形成三次产业的分类法。按照费希尔的观点，"第三产业"泛指旅游、娱乐、文化、艺术、教育、科学和政府活动等以提供非物质性产品为主的部门。英国经济学家 C. 克拉克在1940年出版的《经济进步的条件》中丰富了费希尔"第三产业"概念的内涵，把国民经济结构明确地分为三大部门，即第一大部门以农业为主，包括畜牧业等；第二大部门包括制造业、采矿业等；第三大部门是服务业，包括建筑业、运输业、通信业、商业、金融业、专业性服务和个人生活服务、政府行政、律师事务和服务军队等。20世纪60年代，全球呈现出工业型经济向服务型经济转型的大趋势，服务业在就业和国民生产总值中的比重不断加大，2000年全球服务业增长值占GDP比重的63%，主要发达国家占到71%，多数国家服务业就业人数已经超过第一、第二产业的总和。中国的服务业起步晚，基础差，但也取得了较大发展。尤其是自改革开放以来，服务业的就业人数及产值占总就业人数和GDP的比重逐年上升。近年来，中国除了像商业、餐饮业等传统产业有较大发展外，金融、保险、邮电、通信等新兴行业增长很快，但是高级的生产性服务业的比重仍然较低，仅占GDP比重的28%，而发达国家一般都在50%以上。预计未来20年内，以不变价格计算的中国服务业将以8.5%~8.8%增长，2010年，服务业占GDP比重（现价）将达到39.3%，就业占总从业人数的40%；到2020年，两个比例将分别达到48.2%和51%，其中很大一部分是新兴的生产性服务业。

作为现代经济贸易增长的主要力量，生产性服务业已经成为世界经济发展和国际竞争的新焦点。1966年美国经济学家格林菲尔德（Greenfield）在研究服务业及其分类时，最早提出了生产性服务业概念。20世纪60年代以来，国外学者关于生产性服务业的内涵方面的研究主要有两个出发点：要素密集度和服务功能。很多学者从要素密集度的角度分析，得出了迥然不同的定义，从各个侧面勾勒出生产性服务业的全貌。布朗宁和辛莱曼（Browning and Singleman，1975）进一步指出，生产性服务业包括金融、保险、法律、商务和经纪等知识密集型专业服务。马歇尔（Marshall，1987）把生产性服务业看作直接或间接从事市场中交易的专业信息业，其供给与需求的地点不一定相同。从服务功能的角度分析，汉森（Hansen，1994）认为，生产性服务业作为商品生产或其他服务的投入而发挥着中间功能，提高生产过程中不同阶段产出价值和运行效率，包括上游的活动（如研发）和下游的活动（如市场）。格鲁贝尔和沃克（Grubel and Walker，1989）提出，生产性服务是指为其他商品生产企业和服务供应企业提供中间投入的服务，是生产企业财富形成过程的中介，并强调生产性服务企业服务对象是生产者，而不是消费者。朱利夫（Juleff，1996）进一步指出，生产性服务业作为一个产业，依靠于制造部门，并满足制造业需求。

在中国使用较多的是"现代服务业"这一概念，主要是针对目前我国服务业生产水平和产业结构相对滞后的状况而言的。"现代服务业"先后在党的十五大报告、十五届四中全会关于"十五"计划纲要的决议以及十六大报告中使用，但没有给出明确的定义，在我国国民经济统计体系中也没有确认现代服务业的界定范围。国内学者徐国祥、常宁（2002）总结出："现代服务业是在工业化高度发展阶段产生的，主要依托电子信息技术和现代管理理念而发展起来的知识密集型的生产性服务业"。由此可见，虽然叫法不同，但事实上现代服务业与生产性服务业在内涵上是基本一致的，即生产者为满足中间需求，向外部企业或其他组织的生产活动提供中间投入的服务，用于进行商业运作和进一步生产，而非主要用于满足最终直接消费和个人需求的行业。由于生产性服务业具有很强的专业性、信息传递性，其通常包括知识密集型、技术密集型和资本密集型的产业，因此，是以知识资本、人力资本作为主要的投入品的。生产性服务业产出含有大量知识资本、人力资本的服务产品，是推动现代经济增长的重要力量，也是最具活力和最具发展潜力的产业。

二、服务业 500 强企业现状和特征分析

2010 年，中国服务业呈现较快增长的趋势，服务业 500 强的营业收入总额达 147319 亿元，平均营业收入为 295 亿元，比 2009 年增长 32.9%；总资产为 872843 亿元，平均资产为 1746 亿元，比 2009 年增长 47.3%；实现总利润为 12170 亿元，平均毛利润率达 8.3%；容纳就业人员 1093 万人，实现人均利润为 11.1 万元。由于中国服务业的总体发展迅速，其 500 强的入围门槛也随之提高。2009 年，进入服务业 500 强的企业最低营业收入是 99160 万元，而 2010 年这一数字变成了 197303 万元，提高了接近一倍。根据 2010 年中国服务业 500 强企业的财务和经营数据，下文分别对这些企业的地域分布、所有制、行业、规模等方面的特征进行了统计分析。

1. 500 强企业地域分布特征

2010 年中国服务业 500 强仍然呈现出明显的地区集中特点，服务业发展与地区经济发展水平紧密相关，如图 5 - 1 所示，主要集中分布在北京市、浙江省、上海市、天津市、广东省、江苏省等经济发达地区。按照我国四大经济区域，即东部、中部、西部和东北地区的划分，中国服务业企业 500 强分布如表 5 - 1 所示。2010 年我国有 28 个省、自治区和直辖市的服务性企业进入服务业 500 强，其中，东部地区共有 370 家企业进入服务业 500 强，占 74%；中部地区有 57 家企业进入服务业 500 强，占 11.4%；西部地区 54 家企业进入服务业 500 强，占 10.8%；东北部地区有 19 家企业进入服务 500 强，占 3.8%。我国东部地区的省份由于多属于沿海地区，资源丰富，交通便利，经济发达，特别是京津唐、沪宁

杭、珠三角三大经济圈的带动再次占据了 500 强企业的绝大多数；西部地区因其经济发展较晚，服务业相对比较落后，特别是西藏自治区、贵州省和甘肃省未能有企业进入中国服务业 500 强。

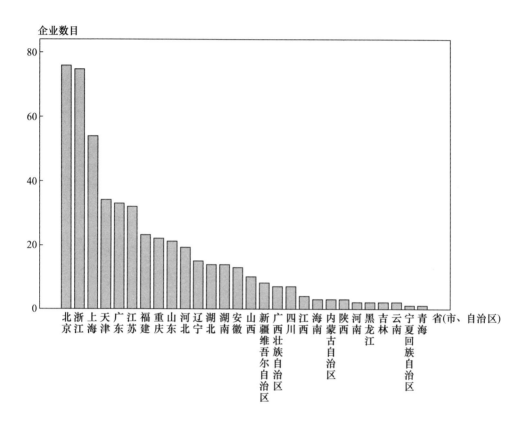

图 5 - 1　2010 年中国服务业企业 500 强地区分布构成（行政区划）

表 5 - 1　2010 年中国服务业企业 500 强地区分布构成（经济区域）

经济地区	企业数目（家）	百分比（%）	累积百分比（%）
东部	370	74.0	74.0
东北部	19	3.8	77.8
中部	57	11.4	89.2
西部	54	10.8	100.0
总计	500	100.0	

从经济总量来看，2010 年中国服务业 500 强经济总量的创造主要来自于东部地区。如图 5-2 所示，无论是营业收入、资产、利润还是纳税，东部地区都占据了 90% 以上。从研发费用看，研发的投入也主要集中于东部地区，占总研发投入的 89.2%；相对于其他经济总量而言，西部地区的研发投入明显偏高，这可能和近年来西部大开发的政策有关。我们认为，服务业的发展与地区经济发展密切相关，即地区经济发展促进服务业的发展，通过对不同经济区域的非参数检验发现，进入服务业 500 强的企业不因其所处的经济区域不同而在资产、利润、纳税等经济指标上呈现出差异性，但是不同地区的服务业企业在营业收入和研发费用上有差异，因此东部地区的服务企业的营业收入和投入的研发费用要高于其他地区企业（见表 5-2）。

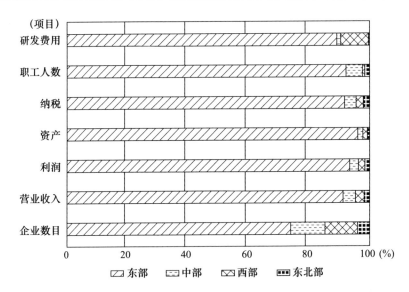

图 5-2　2010 年中国服务业企业 500 强经济总量的地区构成

表 5-2　不同地区服务业企业的各经济指标比较（统计量）

	营业收入	利润	资产	纳税	职工人数	研发费用
卡方	18.654	5.531	5.921	4.533	1.200	7.286
自由度	3	3	3	3	3	3
显著度	0.000***	0.137	0.116	0.209	0.753	0.063*

注：（1）Kruskal Wallis 检验。

（2）* 为 $p < 0.10$；** 为 $p < 0.05$；*** 为 $p < 0.01$。

2. 500 强企业所有制分布特征

从 2010 年中国服务业企业 500 强的所有制结构来看（见表 5 - 3），国有及国有控股企业的比重有所下降，共有企业 277 家，占全部企业的 55.4%，比 2009 年 56.4% 降低了 1 个百分点，减少了 5 家。虽然各项指标的相对数字较上一年度均有所下降，但国有企业仍然在服务业中占据绝对优势地位，2010 年，国有及国有控股服务企业实现营业收入、利润分别占服务业 500 强企业的 82.3%、82.9%；资产占 2010 年服务业 500 强企业资产总额的 90% 以上。非国有及国有控股企业（私营企业）比重较 2009 年上升，共有企业 223 家非国有企业进入服务业企业 500 强，占总数的 44.6%，比上年的 43.6% 提高了 1 个百分点，增加了 5 家企业。

表 5 - 3　2010 年中国服务业企业 500 强主要指标按所有制分布　　　单位:%

企业性质	企业数目（家）	营业收入	利润	资产	纳税	职工人数	研发费用
国有及国有控股企业	277	82.3	82.9	90.3	86.8	89.6	81.5
私营企业	223	17.7	17.1	9.7	13.2	10.4	18.5
全国	500	100.0	100.0	100.0	100.0	100.0	100.0

从经济效益来看，不同所有制企业之间存在着较大差异。我们选取资产利润率、资产周转率及人均利润、人均收入和人均研发费用来看服务业企业的经济效益和效率。如表 5 - 4 所示，国有及国有控股企业的上述各项指标均低于私营企业，由此显示私营企业的经济效益和效率优于国有企业。为了验证所有制类型是否会对服务业企业的经济指标产生影响，我们对不同所有制企业的营业收入、利润、资产、纳税、职工人数和研发费用做非参数检验，表 5 - 5 所展示的结果表明，除研发费用外，国有及国有控股企业与私营企业在各项经济指标中均存在差异。

表 5-4　2010 年中国服务业企业 500 强不同所有制企业的经济效益比较

企业性质	企业数目 （家）	资产利润率 （%）	资产周转率	人均利润	人均收入	人均研发费用
国有及国有控股企业	277	3.4	1.44	16.46	701.60	1.89
私营企业	223	7.9	2.73	34.69	1183.45	2.28

表 5-5　不同所有制服务企业的经济指标比较

检验 ＼ 指标	营业收入	利润	资产	纳税	职工人数	研发费用
曼—惠特尼 U 检验（Mann - Whitney U）	21454.000	23358.500	16211.000	18611.000	19192.000	4869.500
威尔科克森符号秩检验（Wilcoxon W.）	46430.000	47668.500	40742.000	41616.000	41558.000	8355.500
Z	-5.873	-4.358	-8.980	-6.827	-6.143	-1.621
显著性（双尾）	0.000 ***	0.000 ***	0.000 ***	0.000 ***	0.000 ***	0.105

注：（1）Kruskal Wallis 检验。

（2）* 为 p < 0.10；** 为 p < 0.05；*** 为 p < 0.01。

3. 500 强企业行业分布特征

2010 年中国服务业 500 强共分布在 40 个行业中，如表 5-6 所示，主要分布于房地产服务业、商业批发和零售、仓储运输业、银行业等。

表 5-6　2010 年中国服务业企业 500 强的行业构成　　　　单位:%

行业名称	企业数目 （家）	收入	利润	资产	纳税	职工人数
房地产开放经营，房屋修饰	11.20	4.54	7.73	1.85	6.65	3.13
商业零售业	8.40	4.64	0.93	0.38	1.69	4.11
纺织文体烟酒工艺等轻工产品批发业	7.40	2.96	1.15	0.31	1.92	1.28

续表

行业名称	企业数目（家）	收入	利润	资产	纳税	职工人数
物流仓储运输配送服务业	5.40	4.15	1.57	0.85	2.55	4.71
银行业	5.00	15.85	54.40	70.78	35.77	16.06
金属内外商贸及加工配送批发	4.60	2.32	0.12	0.22	0.34	0.53
汽车及摩托车商贸维修保养	4.00	1.27	0.25	0.11	0.35	0.70
电力热力燃气等能源供应业	3.80	14.20	4.28	3.56	15.53	18.49
生产资料批发及内外商贸业	3.80	3.99	0.37	0.31	0.51	0.80
商务服务业	3.20	4.48	4.36	4.17	4.39	6.85
商业连锁超市	3.20	0.92	0.29	0.07	0.40	1.40
道路运输城市公交及交通辅助	3.00	0.86	0.92	0.71	1.09	2.33
矿产能源内外商贸及批发业	2.80	2.94	0.56	0.21	1.46	1.06
公用事业	2.60	0.75	0.64	0.96	0.80	1.04
食品农林果蔬内外批发商贸业	2.60	1.58	0.51	0.33	0.51	1.00
综合性内外商贸及批发业零售	2.40	1.13	0.20	0.10	0.41	0.55
机电电子批发及内外商贸业	2.20	1.29	0.32	0.15	0.89	0.64
医药专营批发业、零售业	2.20	0.59	0.11	0.05	0.17	0.43
港口服务业	1.80	0.62	0.93	0.41	0.68	1.06
新闻传播	1.80	0.28	0.29	0.09	0.22	0.51
研发咨询	1.80	0.46	0.51	0.09	0.42	0.53
技术智力等内外合作	1.60	0.89	0.21	0.06	0.32	0.20
旅游宾馆及娱乐	1.60	0.83	0.34	0.16	0.63	1.33
电器商贸批发业、零售业	1.40	2.39	0.45	0.07	0.62	1.53
航空运输业	1.20	2.20	2.20	0.71	1.92	2.22
化工产品及医药批发	1.20	3.00	0.89	0.33	1.27	0.90
人寿保险业	1.20	4.53	2.19	2.56	1.77	2.56
航空港及相关服务业	1.00	0.18	0.18	0.15	0.30	0.39
计算机软件网络服务	1.00	0.55	0.16	0.05	0.17	0.37
水上运输业	1.00	1.65	0.93	0.54	0.77	1.11
综合服务业	1.00	1.56	0.76	0.22	1.37	1.30
邮电通信业	0.80	7.78	6.62	6.58	10.28	17.15
证券业	0.80	0.16	0.74	0.28	0.43	0.28
餐饮业	0.60	0.07	0.18	0.00	0.10	0.70

行业名称	企业数目（家）	收入	利润	资产	纳税	职工人数
互联网传媒	0.60	0.21	0.95	0.07	0.28	0.13
综合保险	0.60	2.35	2.18	1.92	3.29	1.23
财产保险业	0.40	1.75	0.37	0.52	0.08	1.04
其他金融服务业	0.40	0.05	0.06	0.09	0.03	0.05
互联网传媒娱乐	0.20	0.02	0.08	0.01	0.00	0.13
教育	0.20	0.02	0.04	0.00	0.04	0.20

现今服务业的主要构成仍然是传统的服务业企业，如表 5 - 7 所示。我们对不同行业的营业收入、利润、资产等状况进行非参数检验，发现不同行业的收入、利润、资产、职工人数及研发费用均呈现显著差异。

表 5 - 7　2010 年中国服务业企业 500 强不同行业经济指标比较

	营业收入	利润	资产	职工人数	研发费用
卡方	63.226	166.635	218.264	155.821	70.676
自由度	39	39	39	39	39
显著性	0.008 ***	0.000 ***	0.000 ***	0.000 ***	0.001 ***

注：（1）Kruskal Wallis Test。

（2）* 为 $p < 0.10$；** 为 $p < 0.05$；*** 为 $p < 0.01$。

4. 500 强企业规模分布特征

根据工业和信息化部、国家统计局、国家发展和改革委员会、财政部 2011 年 6 月 18 日联合印发的《关于印发中小企业划型标准规定的通知》，服务性企业的划分标准一般有两个，即企业职工人数和企业营业收入。根据这两个标准，可以将服务性企业大致划分为微型企业、小企业、中企业和大规模企业。根据表5－8所示的企业营业收入来看，500 家企业 2010 年的营业收入均在 3 亿元以上，规模最大的是排在 500 强第一位的国家电网公司，其营业收入总额达 15288 亿元，排在最后一位的，其营业收入总额也达到了 19 亿元以上，这一数据说明进入服务业 500 强的企业均为大型企业，这和 500 强入选的标准不无相关。

表5－8　2010 年中国服务业企业 500 强的企业规模构成（营业收入）

营业收入	不到 1000 万元	1000 万~3000 万元	3000 万~3 亿元	超过 3 亿元	总计
企业数目（家）	0	0	0	500	500
比例（%）	0	0	0	100.0	100.0

通过非参数检验发现，进入 2010 年服务业 500 强的企业在营业收入、利润、资产和研发费用上因企业规模不同而存在显著性差异（见表5－9）。这说明，企业规模不同，其经营难度则不同，规模大的企业由于资源丰富，更加在绝对经济指标上占有优势。

表5－9　2010 年中国服务业企业 500 强不同行业经济指标比较

	营业收入	利润	资产	研发费用
卡方	74.397	76.655	103.917	11.686
自由度	3	3	3	3
显著性	0.000***	0.000***	0.000***	0.009***

注：（1）Kruskal Wallis Test。

（2）* 为 $p<0.10$；** 为 $p<0.05$；*** 为 $p<0.01$。

综上分析，相比 2009 年，2010 年服务业 500 强企业的规模、收益率均大幅上升，摆脱了大面积亏损的境地，主要体现以下突出特点：

第一，服务业发展的地区差异仍然显著。从入围情况来看，2010 年服务业企业500强仍然集中分布于东部特别是沿海地区，经济发达地区的服务业企业不仅从企业数量上占据优势，而且从经济总量上，如资产、营业收入、利润等也占据绝对的优势。西部大开发政策虽然加大了在西部地区的投入，如科研投入明显高于中部和东北部地区，但由于时效性和滞后性，目前还没有在经济回报上有所体现。

第二，不同所有制下的服务性企业仍存在明显差异。国有企业虽然在企业数目、规模上占有明显优势，但经济效益和效率明显低于非国有企业。私营企业的资产利润率为7.9%，资产周转率是2.73，人均利润均为国有企业及国有控股企业的两倍左右，人均收入也明显高于国有及国有控股企业。

第三，传统服务业快速发展，现代服务业发展仍然滞后。入围2010年服务业500强的企业分布于40个服务行业，仍然呈现分散的特点。排在前列的仍然是商品流通业、饮食业、修理业、零售业、运输业等传统服务业，这些行业都呈现了较好的增长势头，特别是房地产服务业企业受房地产市场影响相比2009年出现了回涨趋势。在500强企业中，几乎看不到现代服务业特别是生产性服务业的存在。

三、服务业发展的政策建议

我国在"十一五"期间就将拓展生产性服务业纳入发展规划当中，作为推动产业升级和产业结构优化的重要举措。"十二五"规划中又将"十一五"提出的"拓展"上升为"加快发展"，由此可以看到，服务业的发展，特别是生产性服务业的发展已经成为我国产业结构优化升级的战略重点，并提出将通过深化专业化分工，加快服务产品和服务模式创新，促进生产性服务业与先进制造业融合的发展路径，实现加快发展生产性服务业的战略目标。然而，为了实现这一目标，确保"十二五"规划的顺利完成，既需要政府去创造良好的政策环境，也需要实业界的协同努力。在数据分析和文献研究的基础上，本书提出以下政策建议：

1. 大力推进生产性服务业的集聚式发展

生产性服务业在空间上呈现出明显集聚化趋势，多以大都市为中心多层次集聚。为了促进我国生产性服务业的集聚式发展，应当重点做好以下两个方面的工作：

第一，对生产性服务业集聚区应给予与工业开发区相同的政策扶持。目前，我国工业经济的发展主要采取工业园区和集群式发展模式，通过产业链的延伸和配套发展工业，工业集聚发展将随之产生巨大的对生产性服务业的消费需求和投资需求，所以生产性服务业也应突破现有的分散式发展模式，探索园区式、集群式的发展新模式。以产业集群为依托，重点加强集群或园区的生产性服务功能配套设施建设，形成相应的服务功能区，通过优惠政策，引导先进的生产性服务企业入驻集群。

第二，培育和打造面向全球的生产性服务业集聚中心。生产性服务业的发展离不开先进技术和高素质人力资源的支撑，为了方便获取技术和人才，出现了围绕大学、科研机构所在地，以高新技术园区为依托的生产性服务业的集聚。据此，超大和特大城市要突出其在金融、物流、商务服务、信息服务、教育培训等行业上集聚要素和向外辐射的核心能级。支持有条件的沿海中心城市把发展服务业放在优先位置，成为世界级的生产性服务聚集中心，提升我国生产性服务业和整体产业的国际地位。沿海中心城市在保留其具有优势的部分中高端制造环节的同时，加快发展生产性服务业，建成若干面向全球的生产性服务中心，培育一大批以生产性服务为主要业务的专业供应商，同时加大对中西部的产业辐射和转移。大城市作为区域性、综合性现代服务业中心，要承担传递超特大城市辐射效应的区域性"增压"功能。中小城市要利用产业垂直分工和产业链的延伸性,抓住大都市产业扩散效应带来的发展机遇,形成城市间融合配套、错位分工、优势互补的发展格局。

2. 促进生产性服务贸易国际化发展

随着经济结构的服务化,服务贸易蓬勃发展起来,1980～2000年,世界服务贸易增长了400%,而货物贸易增长不到300%。从中国的情况看,中国生产性服务业发展很不平衡,存在很大的逆差。生产性服务进出口结构很不合理,出口主要靠传统的服务行业支持,而更具现代意义的知识密集型的电信、金融、保险、专利权使用费和特许费等生产性部门对中国服务贸易的贡献很小,保险、专利和特许权对进口依赖程度过高,金融服务的进口则偏少,急需进行结构调整。中国生产性服务贸易竞争力很低,低于服务贸易的总体竞争力。由于我国生产性服务业和服务贸易相对落后,直接影响和制约着我国在经济全球化过程中的国际分工地位和利益分配。这需要我们着力提高我国生产性服务贸易的竞争力,为我国工业发展和国际竞争力提升注入新的能量。为此,需要注意以下几个方面问题:

第一,正确看待生产性服务贸易逆差,适当扩大知识密集型现代生产性服务的进口。

第二,彻底打破行业垄断,大力培养服务市场体系,对民间资本的进入给予积极鼓励,提高行业中各种所有制的竞争程度。

第三,抓住新一轮国际服务业转移和外包的机遇,推进产业结构升级,加大知识密集型服务的出口,为服务贸易的发展提供坚实的产业后盾。

第四,大力引导外商直接投资投向增长潜力大的电信、金融、保险、计算机信息服务等部门,推动知识密集型生产性服务业的发展。

3. 打造一批能产生示范带动作用的行业龙头企业

以市场手段为主，政府管理主要体现在支持指导和服务方面，在各个行业选择一批龙头企业，具有国际竞争力、有信用、知名品牌、现代管理理念和经营理念的大企业，依托现代经营方式和组织方式，推进管理创新和组织创新，促进生产性服务业的集团化、网络化和品牌化经营。采取有效措施，增强生产性服务企业的技术创新能力，加强知识产权的保护力度，加强制造企业和生产性服务企业的创新力度，提高企业的服务外包意愿程度和服务企业的服务质量。在制造业中建立广泛的技术联盟和公共技术开发平台，大力推进信息技术在生产性服务业中的运用，加强信息交流平台的建设和行业内的交流与互动，推动知识外溢和扩散。另外，政府也可以推动企业的发展方向，包括以下几点内容：

第一，强化企业内部资源、业务整合的自主性，鼓励产业延伸，发挥生产性服务业资源的集聚和辐射效应，推进企业内置服务市场化、社会化。

第二，鼓励支持企业扩大区域交流与合作，带动生产性服务业需求的增加，为我国生产性服务业创造更大的提升空间，如以产业链向上下游延伸为手段，鼓励制造业向产业链上游的研发、设计，下游的广告、包装、品牌设计以及信息、物流、咨询、金融等方面拓展融合，不断提高制造业产品的科技含量和附加值，形成制造业和生产性服务业的有机融合。

第三，引导和推动企业通过管理创新和业务流程再造，逐步将发展重点集中在技术研发、市场拓展和品牌运作方面，而将非核心生产性服务环节剥离为社会化专业服务。同时，以核心竞争优势整合配套企业的服务供给能力，发展产业内部的专业化分工体系。

4. 增强生产性服务业自主创新能力

生产性服务业的自主创新能力决定其规模的扩张和绩效的提高，直接影响生产性服务业的核心竞争力。应加快建立以企业为主体的技术创新体系，提高生产性服务业的技术含量。一是用信息化改造传统生产性服务业，加快服务业电子化、自动化进程，不断扩大信息技术在生产性服务业领域的应用。二是建立健全技术创新机制，鼓励生产性服务业企业建设各类研究开发机构和增加科技投入，使企业成为研究开发投入的主体。三是在生产性服务业集聚区的基础上建立科技创新平台，形成具有较强创新能力的科技创新网络。借助高校及科研机构的人才优势及研发能力，形成政府支持、产学研一体化的创新体系，培育和发展科技服务中心、创业孵化器、信息服务机构、科技融资机构、科技评估中心、知识产权事务中心、技术产权交易中心、公共科技信息平台等科技创新中介服务机构。

第六章

京津冀信息服务业战略布局
与协同发展模式

——长三角和珠三角地区的案例研究

2014年3月5日，政府工作报告指出，要加强环渤海和京津冀地区的协同发展，习近平总书记更是将京津冀一体化协同发展提升到国家战略层面。2016年2月，《"十三五"时期京津冀国民经济和社会发展规划》印发实施，这是全国第一个跨省市的区域"十三五"规划，其明确了京津冀地区未来五年的发展目标。然而，京津冀一体化协同发展不是空中楼阁，需要从社会、经济、文化等层面具体落实。信息服务业是信息产业集群的一个子集，它通过各种方式，包括现代信息技术和传统的手工服务方式，为信息用户进行生产、消费、流通提供有价值的信息产品或劳务的各种活动的总和。信息服务业属于科技含量高、产业附加值高、产业关联带动作用强的新型产业，它的发展对我国区域经济增长具有较强的带动作用，在促进我国知识经济发展，对国家创新体系的建立和运行方面具有重要作用。信息服务业是现代产业群中一个具有相当发展潜力的新兴产业，受到各国政府的高度重视。现今，从整个产业收入规模看，我国信息服务业整体发展速度呈较快发展态势，其中，通信业占据了较大比重；同时，信息服务业在我国已显示出明显的产业集聚效应。从长三角到珠三角，从渤海之滨到福厦沿海地区，初步形成了珠江三角洲、长江三角洲、福厦沿海地区和环渤海湾四大电子信息产业聚集带；此外，中西部地区也在某些领域具备比较优势并取得较快发展。但是，我国信息服务业也存在许多明显的问题，例如：东西部两极分化态势明显；企业规模普遍偏小且竞争力薄弱；高素质人才严重匮乏；企业创新能力不足；管理体制与方法落后；政策法规体系不健全等。因而发展信息服务业要立足实际，突出特色，有序发展。对京津冀信息服务业进行科学的战略布局，促进其协同发展，不仅有利于根据城市特色，形成差异化发展的格局，而且对提升北京的环境和资源压力、提升北京信息服务业的质量，具有非常重要的价值。因而，从城市信息服务业空间布局、产业政策的配套、公共服务的协作以及基础设施的共享等战略层面，深化对京津冀地区信息服务产业战略布局和协同发展的研究，既符合当前的政策需要，更有助于推进该区域信息服务业的长期可持续发展。

本章以长三角和珠三角地区信息服务业协作实践为研究对象，运用案例研究的方法，探索区域信息服务业协作发展的内在动因、机理以及运作结构，从而为京津冀信息服务业战略布局与协同发展的理论提供思路与实践参考。

一、理论文献与研究框架

1. 国内外研究现状评述

（1）京津冀区域经济一体化研究。京津冀区域经济一体化的研究不是一个新的话题，早在 1982 年《北京市建设总体规划方案》中就已经提出了"首都圈"的概念和京津冀区域合作的构想。最近 30 多年来，很多专家学者从理论和政策等不同层面对京津冀一体化问题进行了比较深入的研究，同时也提出了很多有价值的对策。孙久文等将区域经济一体化划分为"贸易一体化、要素一体化、政策一体化和完全一体化"四个阶段，并认为京津冀都市圈已经走过了贸易一体化，已经处在要素一体化的阶段，并且正在向政策一体化阶段迈进（孙久文等，2008）；刘邦凡等认为，在京津冀区域经济一体化发展中，北京和天津是两个核心，河北沿海地区的区域经济发展是一个增长极，推动这一增长极的发展，不仅具有战略意义，而且是战术取向的必然（刘邦凡等，2013）；王海涛等通过对京津冀区域产业结构进行实证分析发现，产业结构趋同性是限制经济一体化的重要因素，他们认为在京津冀区域产业结构朝着有利于区域经济一体化的方向演进时，若辅以适当调控，必将迅速加快京津冀区域经济一体化的进程（王海涛等，2013）；母爱英等通过对后经济危机时代京津冀都市圈的内外环境分析认为，区域性政策和规划的出台促进了京津冀都市圈的发展，国际产业转移格局的变动促进了京津冀都市圈产业结构的优化升级，周边省份的崛起为京津冀都市圈创造了良好的经济腹地（母爱英等，2010）。

从现有的文献看，对京津冀地区信息服务业的战略布局和协同发展已有部分研究。对京津冀区域经济一体化总体层面的研究，有助于为信息服务业的区域布局和协同发展提供科学的理论规范。因而，深化对京津冀地区信息服务业的战略布局和协同发展的研究，从信息服务业自身特点出发，不仅有助于优化全区域的信息服务产业布局，降低同业竞争和消耗，而且对提高整个区域的信息服务业国际竞争力具有重要的战略价值。

（2）区域信息服务业战略合作与协同发展研究。学者们对京津冀地区信息服务业的战略布局和协同发展的研究已有一些，对国际和国内其他区域信息服务业的研究也并不鲜见。国内外有关现代信息服务业的研究主要集中在现代信息服务业内涵、发展状况及影响效应几方面。美国学者波拉特（1987）在国际上首次提出信息产业与信息服务业的概念；1996 年，美国的锡拉丘兹信息学院将信息服务业分为产品和服务两大类别；欧盟主张信息服务业包括除信息设备产业，即信息产品产业外的所有行业部门。我国学者陈禹和谢康（1997）在国内较早地提出了广义的信息产业分类体系；而刘昭东（2001）则主张将信息产业分为信息技术与设备制造业和信息服务产业两个部门；许广奎、孙毓梅（2001）、任道忠、张玉赋、孙斌（2006）、哈进兵、陈双康（2007）、李美华、许永哲、姜艳（2008）、匡佩远（2009）等也对现代信息服务业的内涵与外延进行过类似研究。

世界各国对现代信息产业发展模式与定位各有不同，马克卢普（Machlup）认为，美国信息服务业的发展模式是"信息基础设施建设推动模式"，后来的发展也验证了美国的"自然增长"模式；欧盟则在发表的纲领性文件（1993）中提出，建立信息社会是振兴欧洲的重大措施，特别强调大力发展信息服务业是提高就业的关键；日本信息服务业则是一种典型的"政府干预"发展模式。国内许多学者也从不同视角、不同层面对我国现代信息服务业进行研究，如黄繁华、丁刘华（2002）探讨了南京现代信息服务业的发展现状和条件；任道忠等（2006）认为，发展现代信息服务业应以咨询、数据库、软件、网络应用为重点；周应萍（2006）、陆地（2007）、王平军（2007）、郭秦茂和白红武（2007）等对西部地区的现代信息服务业现状进行分析并提出发展策略。黄雯丽（2008）用 SWOT 分析方法对上海浦东新区信息服务业进行分析；董婷婷（2009）比较分析了中印两国现代信息服务业的发展现状与差距；桂学文（1998）认为，现代信息服务业正成为国民经济的主导产业；石建、许福明（2003）论述了现代信息服务业的竞争优势；赵李坚（2006）认为，现代信息服务业需要满足社会个性化的需求；哈进兵、陈双康（2007）则构建了现代信息服务业发展水平指标体系。

在我国信息服务业区域协调发展方面，张珺、忻红（2013）运用比较分析法和因子分析法对京津冀与长三角、珠三角的七个主要省市的信息服务业发展水平进行了综合比较评价，结果表明，京津冀信息服务业发展中存在区域内发展差距较大、结构不合理、集群效应不明显等突出问题；郭榕、熊励（2006）对长三角地区的信息服务业发展现状进行了研究；熊励（2006）在对我国三大地区现代信息服务业进行差异比较后发现，三大区域间应加强产业融合与协同监管，减少信息服务创新风险与成本。

虽然与长三角和珠三角相比，京津冀地区在城市定位、产业构成、区域合作紧密程度等方面都存在较大的差异，但是从信息服务业的产业功能和特征看，仍然存在很多共性的规律，国内外对信息服务业区域协同发展的研究，对深化京津冀地区信息服务业战略布局和协同发展的研究从方法论、经济规律、对策建议等方面同样具有重要的参考价值。

2. 理论架构

本书拟从空间布局、产业协同、资源共享、公共服务协作四个战略层面，构建一个京津冀地区信息服务业合理布局与协同发展的基础性理论构架。京津冀信息服务业空间布局协同性，主要从京津冀城市功能定位、人口资源与环境的承载力等层面，寻求空间协同布局的优化方案；京津冀信息服务业活动与产业结构的协同发展研究，主要从消费构成、产业结构等产业资源，从信息服务业等企业资源角度出发，探讨信息服务业与相关产业之间的功能匹配与协同发展问题，探讨信息服务业内部的资源共享问题，推动京津冀地区优势产业与信息服务业活动相互促进与协调发展的战略机制建设；京津冀政府在推进信息服务业协同发展中的公共服务协作机制研究层面，相对常规的制造业和商贸服务业而言，信息服务业作为一种人流、物流、信息流高度集聚的高端服务业，更需要政府在基础设施建设、交通、安全等方面提供公共服务。京津冀地区信息服务业的协同发展需要探讨三地政府高效率的公共服务协作机制。

综上理论，本书建构了一种新的区域信息服务战略合作与协同发展的运作架构模式（见图6-1），主要特点：①区域信息服务业战略合作与协同发展的动因在于信息服务业发展存在的不足，包括与发达地区差距大，发展环境不完善，创新能力有待提高等问题。②区域信息服务战略合作与协同发展的运作要素包括空间布局、产业协同、资源共享以及公共服务协作四个方面。③区域信息服务战略合作与协同发展的效益评价方面，考虑合作所带来的共赢效益。下面将通过案例研究方法来验证这一模型的适用性。

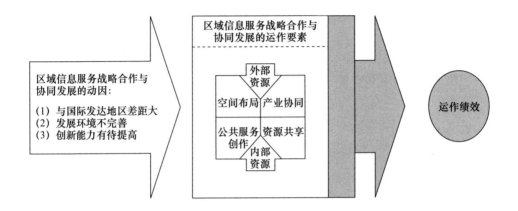

图 6-1　区域信息服务战略合作与协同发展的运作模式

二、案例研究方法和样本的选取

　　本书采用的是双案例比较分析法，通过选取两个典型的区域样本进行深入剖析，分析区域信息服务业战略合作与协同发展的运作架构模式的适用性。在案例研究当中，虽然单案例研究可以对单样本进行细致的多方面的分析，透析各种错综复杂的现象，深入反映企业的运行规律，但是很多学者更倾向于采用多案例研究方法，原因在于多案例研究要比单案例研究更为可靠，得到的结论更具有普遍性和一般性（Eisenhardt，1989）。

　　本书选取的样本涉及两个城市群——长三角和珠三角。由《光明日报》城乡调查研究中心、上海交通大学城市科学研究院主持编撰的《中国城市群发展报告 2016》从人口、经济、社会、文化和均衡性五个方面，对长三角、珠三角、京津冀、山东半岛、中原经济区、成渝经济区、武汉城市圈、环长株潭、环鄱阳湖九个城市群进行了综合考量和客观评价。报告显示，长三角城市群、珠三角城市群、京津冀城市群综合指数水平位列前三。京津冀、长三角和珠三角在优质人口集聚、居民生活质量和文化发展水平上走在前列，位居第一阵营。

长三角地区是长江三角洲地区的简称，是指以自然地理为基础的、经济社会联系及发展特征相似，以行政区划为边界的经济区。目前，对"长三角地区"有三种不同的解释：第一种是"小长三角"的概念，包括上海市，江苏省的苏州市、无锡市、常州市、镇江市、南京市、南通市、泰州市、扬州市，浙江的嘉兴市、湖州市、杭州市、绍兴市、宁波市、舟山市和台州市，共 16 个城市及其周边地区。第二种是"大长三角"的概念，包括上海市、江苏省和浙江省全部行政区。第三种是"泛长三角"的概念，包括上海市、江苏省、浙江省与安徽省等邻近省份。本书中使用的"长三角地区"是"大长三角"的概念，主要是指上海市、江苏省和浙江省两省一市的全部。根据国务院 2010 年批准的《长江三角洲地区区域规划》，长三角地区区域面积为 21.07 万平方公里。从 20 世纪 90 年代开始，长三角地区就是我国经济发展最好的区域，是国际公认的六大世界级城市群之一，目前更是以"亚太地区重要的国际门户、全球重要的现代服务业和先进制造业中心，具有较强竞争力的世界城市群"为发展目标。随着这一地区经济的发展，产业基础和交通条件日益完善，信息服务业的发展也在日益加快。

珠三角地区是珠江三角洲地区的简称，是指位于中国广东省珠江三角洲区域的九个地级市一区组成的经济圈，这九个地级市一区是指广州市、深圳市、珠海市、佛山市、惠州市、肇庆市、江门市、中山市和东莞市、汕尾深汕区。珠江三角洲地区是中国改革开放的先行地区，是我国参与经济全球化的主体区域，是南方地区对外开放的门户，是我国人口集聚最多、创新能力最强、综合实力最强的三大区域之一，有"南海明珠"之称。2015 年 1 月 26 日，世界银行发布的报告显示，珠江三角洲地区超越日本东京，成为世界人口和面积最大的城市带。由于信息服务对整个城市经济发展具有极大的带动和促进作用，作为改革开放前沿阵地的珠三角地区一直对信息服务业的发展极为重视。

长三角和珠三角信息服务业在近些年取得了如此大的成就，并不完全取决于区域自身的特殊性，还在于长三角和珠三角在发展中存在着一种具有一定普遍意义的经验和模式创新，也即信息服务业战略合作与协同发展的运作模式。虽然两个区域均采用了战略合作与协同发展的运作模式，但是由于其地理位置和产业基础不同，面临着不同的市场环境和客户，难免在运作机制上存在一定的差异，因此，对这两个区域信息服务业的运作进行比较研究有益于我们深度理解这一模式并增强其普适性。

用于进行区域信息服务业战略合作与协同发展研究分析的资料和数据来源有多个方面，首先，对长三角和珠三角信息服务业相关协会的调研和深度访谈；其次，案例研究分析的数据也来源于第三方的行业分析报告；最后，数据来源包括长三角和珠三角以及相关地区信息服务业发展规划文件等。

三、长三角和珠三角信息服务业协作的比较

1. 协作动因比较

近年来，长三角和珠三角信息服务业取得了长足的进展，但两个城市群在信息服务业的发展上还存在亟待解决的问题，而这也正是长三角和珠三角地区信息服务业战略布局与协同发展的动因（见表 6 - 1）。

表6-1　长三角与珠三角信息服务业的现状与存在的问题（2010年）

地区	发展情况与优势	存在问题
长三角	（1）处于产品发展期，具有巨大发展潜力 （2）相对合理的产业布局 （3）各地区企业结构差异，有利于协作发展 （4）区域内具有资源整合优势	（1）产业趋同问题凸显 （2）本土企业规模偏小，盈利能力较弱，研发投入水平低 （3）处于全球信息产业价值链低端，自主创新能力不足 （4）产业政策法规建设滞后
珠三角	（1）产业发展势头强劲，三大领域优势突出（通信业务、软件业务、广电业务） （2）对传统产业的提升效应逐步显现，"两化融合"成效显著 （3）布局逐步优化，集聚效应初现 （4）创新能力显著提升，新业务不断涌现 （5）产业环境逐步完善，产业基础不断巩固	（1）产业关联度不高 （2）产业创新能力不强 （3）产业区域一体化进程不快 （4）产业发展环境不够完善

资料来源：（1）珠江三角洲地区现代信息服务业发展规划（2010~2020年）。

（2）李发业，邵发森，江中略．长三角地区信息产业发展现状及对策分析［J］．电子政务，2012，7.

　　纵向看，长三角和珠三角城市群发展进步明显；横向看，长三角和珠三角城市群与世界级城市群相比还有很大差距。世界级城市群通常有着高效的统筹协调机制，如北美五大湖区城市群，由芝加哥市在2002年牵头成立了"五湖联盟"，每年聚会一次，就产业竞争、污染治理、气候应对等重大问题协调各方利益，确保实现共赢。分工明确的产业协作体系，发挥了城市间的互补性。而反观长三角与珠三角地区，产业分工不细，信息服务业对产业结构调整和发展方式转变的推动支撑作用未能得到充分发挥；总体研发投入水平较低，技术创新与产业化脱节，产业内部结构升级较慢；区域资源整合和联动发展机制尚不完善，未能有效支撑区域产业一体化发展；投融资机制亟待完善，人才支撑体系和诚信体系有待健全，知识产权保护有待加强等各方面的问题，均已成为阻碍长三角和珠三角信息服务业进一步良性合作发展的因素。

2. 协作要素比较

长三角地区与珠三角地区作为中国经济发展的"双引擎"，是最具经济发展活力的两个经济区域，拥有良好的经济发展基础，而且各城市充分认识到信息服务业对城市及区域发展所起的作用，纷纷将信息服务业列为"大力发展"的行业。

（1）空间布局的协作。长三角与珠三角在空间布局的协作方面有以下特征：

1）长三角的空间布局。长三角地区已经形成以上海市为核心，以若干个转移化中小城市为外围和辐射区域的巢状分层结构，这种空间布局正是长三角地区信息服务业合作的基础。长三角区域各城市依托其产业背景和资源特色，发展信息服务业，在保持竞争的基础上，不断进行联动合作。目前，一个以上海市为龙头，以江苏省、浙江省为两翼的信息产业新经济带已经形成。

第一，上海市的"龙头"地位。上海市是中国集成电路企业集聚度和技术综合水平最高的产业基地。自 2006 年上海市软件和信息服务业产业规模突破 1000 亿元大关，2009 年突破 2000 亿元，2011 年突破 3000 亿元，2013 年突破 4000 亿元大关后，2014 年上海市软件和信息服务业总规模又突破 5000 亿元大关，产业能级提升基本实现两年上一个台阶。

上海市在长三角地区信息服务业的"龙头"地位基本奠定。上海市的信息、金融、贸易优势；人才、技术优势；市场规模优势；劳动力优势和资源优势等，都有利于信息服务业的发展，实现整体效益最大化。

第二，江苏省和浙江省的"两翼"地位。20 世纪 90 年代以来，江苏省以开发区为载体，大量吸引国际跨国公司和港台企业直接投资，信息产业在全省经济中最有活力，其具有两大特色：一是形成产业聚集效应。沿沪宁线形成了全国规模最大的信息产业带，包括苏州新区、无锡高新区、南京经济技术开发区等8个年销售收入超过百亿元的开发园区，拥有1个国家级信息产业基地、4个国家级信息产业园、5个国家级软件园，销售收入占全省的90%以上，占全国20%以上。二是形成了一批优势产业集群。主要包括软件、集成电路、平板显示、计算机及网络设备、现代通信、数字视听六大产业集群，占全省信息产业的比重达到70%。

浙江省的民营经济发达，民间资本活跃，对信息产业发展的贡献较大。2016年12月12日，浙江省经信委发布了2017年浙江省级信息经济发展示范区名单。根据名单，杭州市萧山区、宁波市镇海区、温州市龙湾区以及义乌市、永康市、台州市椒江区等10个城市入围，其中，环杭州湾地区包括萧山区、镇海区、余姚市、海宁市、湖州市吴兴区以及舟山新城6个城市成为2017年省级信息经济发展示范区。根据规划，此次入围的10个省级信息经济发展示范区将在2017年，"进一步集聚资源，优化发展环境，推进各类信息经济企业、机构、人才向示范基地集聚发展和创新发展，起到示范引领作用，促进全省信息经济快速发展和经济社会转型升级"。截至目前，浙江省建成国家和省级信息产业基地、园区40余个，省级信息经济示范区12个，全省79个省级特色小镇中信息经济类的已有10个。

2）珠三角的空间布局。广东省早在2007年，就在《关于加快发展我省现代信息服务业的意见》中指出，力争到2010年初步形成以广州市、深圳市为龙头的珠三角城市群、粤东城镇群和粤西城镇群三大现代信息服务业聚集区，在国家和省现有的园区内建成10个以上专业化产业园区，培育20家竞争力强的重点企业等。

到2015年，珠三角地区现代信息服务业自主创新体系已基本完善，基于"云计算""三网融合""物联网"，以及移动商务的应用和信息服务的逐步推广，政策环境及人才体系全面优化。建成一批名城、名园、名企、名牌；创建2个以上国家级软件名城；3~5个国家级软件和信息技术服务园区（基地）；2~3个国家级服务外包示范城市；建成一批国家级网络游戏动漫产业基地、国家级数字出版基地、音乐创意产业基地和文化产业集群（园区）；建成2家软件和信息服务业务收入超千亿元的产业园区；1~2家超百亿元的产业园区；3家以上超10亿元的产业园区。打造一批具有较强影响力的软件产品和信息服务品牌，培育3家业务收入超100亿元；20家产值超过10亿元的现代信息服务企业。构建珠江口沿岸（广州—东莞—深圳—珠海）现代信息服务高新产业带，珠三角西中东城市（中山—江门—肇庆—佛山—广州—惠州）现代信息服务融合产业带和广佛肇、深莞惠、珠中江三大经济圈产业一体化布局。推动珠三角成为服务全国，辐射港澳和东南亚，具有一定国际影响力的信息服务业集聚地。

各地区信息服务业发展热点如表6-2所示。

表6-2　各地区信息服务业发展热点（部分）

地点	热点区域
京	电子商务、通信基础设施、数字内容产业、软件产业基地、嵌入式软件、软件与信息服务外包、中间件、信息安全
津	电子商务、通信基础设施、数字内容产业、公共信息服务、远程教育、金融信息服务、现代邮政/现代物流
冀	互联网信息服务、通信基础设施、增值电信服务、信息咨询
沪	电子商务、互联网信息服务、通信基础设施、数字内容产业、嵌入式软件、软件与信息服务外包、金融信息服务、信息安全、关键基础软件产品
赣	中介服务
浙	互联网信息服务、通信基础设施、数字内容产业、嵌入式软件、软件与信息服务外包、关键基础软件产业
粤	电子商务、互联网信息服务、通信基础设施、电子政务、数字内容产业、公共信息服务、软件产业基地、增值电信服务、三农信息服务、远程教育、远程医疗、中间件

资料来源：根据网络新闻资料整理。

（2）产业协同的运作。信息服务业经济的发展需要具备一定的条件，除了地区区域优势及空间布局的考虑外，还要具有产业基础。

1）长三角产业基础特点。长三角基础产业有以下特点：

第一，区域内产业分工明确。2016 年国务院发文批复的《长江三角洲城市群发展规划》中对长三角区域内产业的未来发展方向做出了重点说明，要求上海市、江苏省、浙江省、安徽省政府及相关部门联手打造"具有全球影响力的世界级城市群"。规划提出，在长江三角洲城市群构建"一核五圈四带"的网络化空间格局。具体为提升上海市全球城市功能；促进南京都市圈、杭州都市圈、合肥都市圈、苏锡常都市圈、宁波都市圈五个都市圈同城化发展；促进沪宁合杭甬发展带、沿江发展带、沿海发展带、沪杭金发展带四条发展带聚合发展。

提升上海市全球城市功能。按照打造世界级城市群核心城市的要求，加快提升上海市核心竞争力和综合服务功能，加快建设具有全球影响力的科技创新中心，发挥浦东新区引领作用，推动非核心功能疏解，推进与苏州市、无锡市、南通市、宁波市、嘉兴市、舟山市等周边城市协同发展，引领长三角城市群一体化发展，提升服务长江经济带和"一带一路"等国家战略的能力。

促进五个都市圈同城化发展。五个都市圈具体发展方向如下：

——南京都市圈。南京都市圈包括南京市、镇江市、扬州市三市。提升南京市中心城市功能，加快建设南京江北新区，加快产业和人口集聚，辐射带动淮安市等市的发展，促进与合肥都市圈融合发展，打造成为区域性创新创业高地和金融商务服务集聚区。

——杭州都市圈。杭州都市圈包括杭州市、嘉兴市、湖州市、绍兴市四市。发挥创业创新优势，培育发展信息经济等新业态、新引擎，加快建设杭州国家自主创新示范区和跨境电子商务综合试验区、湖州国家生态文明先行示范区，建设全国经济转型升级和改革创新的先行区。

——合肥都市圈。合肥都市圈包括合肥市、芜湖市、马鞍山市三市。发挥在推进长江经济带建设中承东启西的区位优势和创新资源富集优势，加快建设承接产业转移示范区，推动创新链和产业链融合发展，提升合肥市辐射带动功能，打造区域增长新引擎。

——苏锡常都市圈。苏锡常都市圈包括苏州市、无锡市、常州市三市。全面强化与上海市的功能对接与互动，加快推进沪苏通、锡常泰跨江融合发展。建设苏州工业园国家开放创新综合试验区，发展先进制造业和现代服务业集聚区，推进开发区城市功能改造，加快生态空间修复和城镇空间重塑，提升区域发展品质和形象。

——宁波都市圈。宁波都市圈包括宁波市、舟山市、台州市三市。高起点建设浙江舟山群岛新区和江海联运服务中心、宁波港口经济圈、台州小微企业金融服务改革创新试验区。高效整合三地海港资源和平台，打造全球一流的现代化综合枢纽港、国际航运服务基地和国际贸易物流中心，形成长江经济带"龙头""龙眼"和"一带一路"战略支点。

促进四条发展带聚合发展。四条发展带具体发展方向如下：

——沪宁合杭甬发展带。依托沪汉蓉、沪杭甬通道，发挥上海市、南京市、杭州市、合肥市、宁波市等中心城市要素集聚和综合服务优势，积极发展服务经济和创新经济，使其成为长三角城市群吸聚最高端要素、会集最优秀人才、实现最高产业发展质量的中枢发展带，辐射带动长江经济带和中西部地区发展。

——沿江发展带。依托长江黄金水道，打造沿江综合交通走廊，促进长江岸线有序利用和江海联运港口优化布局，建设长江南京市以下江海联运港区，推进皖江城市带承接产业转移示范区建设，打造引领长江经济带临港制造和航运物流业发展的龙头地区，推动跨江联动和港产城一体化发展，建设科技成果转化和产业化基地，增强对长江中游地区的辐射带动作用。

——沿海发展带。坚持陆海统筹，协调推进海洋空间开发利用、陆源污染防治与海洋生态保护。合理开发与保护海洋资源，积极培育临港制造业、海洋高新技术产业、海洋服务业和特色农渔业，推进江海联运建设，打造港航物流、重化工和能源基地，有序推进滨海生态城镇建设，加快建设浙江海洋经济示范区和通州湾江海联动开发示范区，打造与生态建设和环境保护相协调的海洋经济发展带，辐射带动苏皖北部、浙江省西南部地区经济全面发展。

——沪杭金发展带。依托沪昆通道，连接上海市、嘉兴市、杭州市、金华市等城市，发挥开放程度高和民营经济发达的优势，以中国（上海）自由贸易试验区、义乌国际贸易综合改革试验区为重点，打造海陆双向开放高地，建设以高技术产业和商贸物流业为主的综合发展带，统筹环杭州湾地区产业布局，加强与衢州市、丽水市等地区生态环境联防联治，提升对江西省等中部地区的辐射带动能力。

上海市与长三角区域内其他主要省份城市在产业分工方面形成了互补发展的局面，这不仅有助于各地经济发展，而且对长三角一体化发展进程的加快，进而带动相关产业在区域内以及区域外的转型升级具有深远意义。通过传统产业的转型升级与新兴产业的培育发展，长三角区域内的产业细化，不仅对长三角周边地区的产业发展有着积极带动作用，而且对产业的深层影响也将逐渐辐射到全国范围。

第二，产业错位发展。在长三角地区，大批跨国公司总部、研发机构入驻上海市；江苏省则是台商聚集（苏南地区台资占大陆总台资数的50%以上）；浙江省的民营中小企业相当活跃。不同的企业结构和规模为长三角信息服务业合作发展提供了条件。

举例来说，到长江三角洲投资的上万家台资企业正形成良性的产业分工格局，在上海市和周边地区呈现出"错位发展"的趋势。"大致来说，台资制造业主要往昆山市、苏州市和无锡市等地区聚群发展，商业、服务业则往上海市落脚"，外经贸部港澳台司司长王辽平说。目前，上海地区已有台资企业4000余家。一份权威的报告指出，随着上海市向国际性经济、金融、贸易、航运中心目标的迈进，台商登陆上海市的热点正转向高科技产业、金融、咨询以及仓储、航运和商业零售业。沿沪宁高速公路西行，昆山出口加工区、苏州工业园区和苏州新区里却是另一番景象：台商新建的高科技厂房林立，工人们正在生产着从印刷电路板、鼠标器到数码相机、液晶显示屏、笔记本电脑的一系列电子产品。而在苏州长江沿岸的太仓市、常熟市、张家港市，则集中了以冶金、建材、纺织品等传统制造业为主的众多台资企业。而且，随着台资企业的增多，苏州市的电子产业配套环境越来越完善，对台商形成新的吸引力。上海复旦大学经济学院院长陆德明认为，就像香港之于珠三角一样，上海市作为长江三角洲经济、服务中心的地位在迅速提升，其向周边台资企业提供产前、产中、产后的全方位服务将更有效率，成本更低。而苏州市、昆山市及浙江省北部具有发展工业的比较优势，会吸引更多劳动密集型产业和制造业中劳动密集型部分的台商。在竞相吸引台湾高科技厂商投资的过程中，上海市和周边的昆山市、苏州市、吴江市等地政府也逐渐达成了"错位发展，形成特色"的共识。台商投资长三角出现的错位发展趋势，与上海市的发展方向和长江三角洲产业布局的蓝图是一致的。

2）珠三角产业基础特点。珠三角基础产业有以下特点：

第一，产业总体布局。依托珠三角城市产业定位和区位优势，以珠江口沿岸国家级、省级软件和信息服务产业基地城市为重点，优先发展高端新兴信息服务产业，打造现代信息服务高新产业带；以珠三角西中东部产业集群集中城市为重点，大力发展支撑传统产业改造升级的信息服务产业，构建现代信息服务融合产业带，形成两个各具特色的产业集聚带。以广州市、深圳市、珠海市三个具有区域要素集聚优势的城市为中心，辐射带动广佛肇、深莞惠、珠中江三大经济圈的产业和技术提升。从总体上构筑"两带集聚、三圈拓展"的产业发展布局，推动产业梯度集聚，重点建设现代信息服务产业六大支撑载体，将珠三角打造成为特色鲜明的国际现代信息服务产业集聚基地和全国产业信息技术服务中心。

第二，两带集聚。在珠三角发展以高端新兴信息服务和支撑传统产业改造升级的信息服务为特色的两大产业集聚带，强化产业带之间和城市之间合作，形成两带产业优势互补、相互促进的协调发展格局。

珠江口沿岸现代信息服务高新产业带。在广州—东莞—深圳—珠海等珠江口沿岸地区，重点发展集成电路设计业以及面向智能电子等产品的高端嵌入式软件业，推动软件研发企业向国家级、省级软件产业基地集聚；优先发展信息技术服务产业和基于"物联网"的行业应用软件和信息服务；大力发展空间地理信息服务和电子商务、移动商务；加快发展新一代信息传输服务业，培育壮大基于"三网融合"、移动互联网、下一代互联网等新型增值信息服务；创新发展云计算服务；推动发展数字媒体、动漫与网络游戏、文化创意等数字内容服务业。加强粤港澳信息服务合作，促进新一代网络经济发展，形成全国乃至国际重要的高端新兴信息服务产业集聚地。

珠三角西中东城市现代信息服务融合提升产业带。在中山—江门—肇庆—佛山—广州—惠州等珠三角优势传统产业相对集中的城市，着重布局以服务汽车、电子、石化、船舶、钢铁、医药及机械装备等产业为重点，面向设计开发、生产制造、物流仓储、商贸流通的现代信息服务业；发展支撑家电、家具、五金、纺织服装等传统产业优化升级的工业软件和嵌入式软件业；大力发展支撑产业集群技术、能级提升的行业和区域公共信息技术服务。建成全国"两化融合"产业转型升级示范区和全国重要的产业信息技术高端服务中心。

第三，三圈拓展。广佛肇经济圈。以广州市为中心，依托区域产业和资源集聚优势，共享产业创新资源，在高端软件研发、电子商务、信息技术服务和物流信息服务等方面扩大和深化合作，推动区域"两化融合"，合力打造国际现代信息服务产业创新高地，形成国际知名信息服务品牌。

深莞惠经济圈。以深圳市为中心，依托区位、产业和技术创新优势，优化资源配置，加强信息平台对接，重点发展支撑电子信息产业调整升级和技术创新的信息服务，强化国际信息服务外包合作，共同推动基于"物联网"的信息服务，合力构建国际现代信息服务创新型城市群。

珠中江经济圈。以珠海市为中心，深化珠海市、中山市、江门市三市的现代信息服务产业协调和合作，重点发展行业应用软件、数字媒体、动漫游戏游艺和电子商务，对接港澳、服务粤西，打造区域信息服务中心，带动特色信息服务产业优化提升。

（3）资源共享的协作。资源共享的协作表现为交通资源、科技、人力资源等在长三角和珠三角城市圈内无障碍的流动以及战略性的合作和共享。

近年来，长三角地区随着《长江三角洲地区区域规划》获批、上海自贸区建设、长江经济带发展提速、交通便利化等有利因素的推动，长三角区域内各种市场要素加速流动，使长三角城市群建设走向"世界级"。2014年底，上海交通卡采用住建部第二代CPU技术标准（紫色卡）的互联互通城市扩大至16个，手持上海紫色交通卡的市民，可以在长三角16个城市的公交、出租等交通工具中无障碍使用。此外，长三角区域内高铁网络日渐完善，长三角城市群间已经形成了1~2小时的快速交通圈，"上海铁路局的客流高峰出现在周末、寒暑假和各个小长假"。上海铁路局局长郭竹学说。长三角城市群间人流的密集流动，已成为一种新常态。

2016年3月，国家发展改革委、科技部、工业和信息化部三部委联合发布的《长江经济带创新驱动产业转型升级方案》中明确指出，以要素驱动向创新驱动转变，以创新驱动促进产业转型升级，从而使科技资源共享的跨区域合作具有重要的现实意义和战略意义。长江经济带科技资源共享论坛是长江经济带沿线11个省市共同创办的一个科技资源跨区域合作的平台，以"共建共享、协作服务、优势互补、互利共赢"为原则，在组织体系、协调机制等方面进行探索和尝试，为长江经济带科技资源的跨区域互动合作顺利推进提供有力保障。2016年长江经济带科技资源共享论坛在上海市的成功举办，围绕科技资源共享与科技创新政策制定、科技资源共享服务平台建设、科技资源跨区域合作机制探索、科技资源共享服务模式与机制探索等问题进行了探讨交流。希望通过建立跨省市科技资源合作的长效机制和有效模式，加强合作交流，促进长江经济带科技资源共享服务。

就人才资源方面，2003年，江浙沪三地19个城市在上海签署并共同发表了《长江三角洲人才开发一体化共同宣言》。通过长三角人才开发的资源共享，建立长三角区域人才开发新机制，逐步形成统一的人事制度框架、人才大市场和人事人才服务体系，最终实现区域内人才的自由流动。

珠三角地区的资源共享主要集中在信息交流与创新资源等方面。2013 年"珠三角城市网站联盟"的九个理事单位成员齐聚南昆山，共同召开第一届珠三角城市新闻网站联盟年会暨"机遇与创新"政务新媒体论坛。珠三角联盟理事会成员共同签署了《珠三角城市网站联盟南昆山合作宣言》。于 2012 年 9 月在广州成立的"珠三角城市网站联盟"，以"一城一网，九城同步；全面覆盖珠三角，强势影响珠三角"为宗旨，致力于共同探索一条适合珠三角区域网站互动互助、资源共享、共同发展的良好方法，同时加强珠三角城市新闻网站之间的交流与合作，繁荣并促进珠三角城市新闻网站的发展，提升网站在国内外的知名度和影响力。

2008 年，由国家发展和改革委员会发布的《珠江三角洲地区改革发展规划纲要（2008～2020 年)》旨在推进珠三角科技创新一体化进程，促进区域科技资源共享开放行动，具体做法有共建科技创新平台、推动科技资源共享开放、联合构建人才高地行动、协同推进高端创新人才的引进培养、加强区域创新人才的交流与合作。

此外，2016 年广东省人民政府印发《珠三角国家自主创新示范区建设实施方案（2016～2020 年)》。规划中指出，统筹重大科技平台建设，面向国际前沿和珠三角战略发展需求，部署建设特色明显、支撑作用强、具有影响力的重大科技平台。统筹科技服务支撑体系建设，建立覆盖珠三角的科技服务信息交互网络，推动创新要素在城市之间、园区之间的合理流动和高效组合。加快推进科学数据与科学仪器设备共享平台建设，实现科技成果、技术标准、专利、论文、专家等科技数据库互通互联、共享共用。建立珠三角协调统一的科技管理机制和各级科技计划项目协调机制，强化重大科技专项组织实施的区域协调，提高项目组织效率和资金使用效益。

（4）公共服务的协作。相对常规的制造业和商贸服务业而言，信息服务业作为一种人流、物流、信息流高度集聚的高端服务业，更需要政府在基础设施建设、交通、安全等方面的公共服务，长三角和珠三角地区信息服务业的协同发展需要探讨两个区域内各地政府高效率的公共服务协作机制。

1）长三角公共服务协作机制。2016年12月8日，长江三角洲地区主要领导座谈会在杭州市举行。会议综合分析了长三角地区合作与发展面临的新情况，重点围绕"创新、协同、融合：共建世界级城市群"的主题，就优化区域发展布局、建设协同创新网络、推进重大事项合作等议题进行了深入讨论。作为统筹谋划长三角一体化发展的最高级别会议，2005年是"十五规划"与"十一五规划"承上启下的年份，当年的座谈会提出，"十一五"应着重在以下几方面加强合作：加强科技合作，联动提升区域自主创新能力；加强产业分工与协作，联动推进结构调整；加强体制机制创新，联动推进改革开放。2008年正值国际金融危机之际，当年的座谈会提出，联手应对挑战，进一步增强区域发展的抗风险能力、可持续发展能力和国际竞争力，确保经济平稳较快发展。2010年是"十一五规划"收官之年，也是国家发展和改革委员会《长江三角洲地区区域规划》出台之年，当年的座谈会要求，三省一市在研究制定"十二五"规划时，要按《长江三角洲地区区域规划》确定的长三角地区"亚太地区重要的国际门户，全球重要的现代服务业和先进制造业中心，具有较强国际竞争力的世界级城市群"的功能定位，做好相关规划的调整衔接，加强重大基础设施建设、产业布局、城镇体系建设等的对接。2014年的座谈会则强调，要积极参与"一带一路"和长江经济带国家战略，在新起点推进长三角协同发展，提升开放型经济水平。

此外，2014年12月11日，上海市、江苏省、浙江省和安徽省商务主管部门在上海市签署合作协议，要发挥上海自贸区"溢出"效应，加强区域合作，着力打破地区封锁和行业垄断，共建长三角区域一体化大市场，进一步激发区域市场活力和经济增长动力，打造具有国际竞争力的长三角世界级城市群。在规则体系共建方面，三省一市率先推进实施市场流通领域的国家、行业和地方标准。继续清理市场经济活动中含有地区封锁内容、妨碍公平竞争的规定及各类优惠政策，促进规则透明、竞争有序。在市场监管共治方面，推动三省一市监管互认、执法互助，形成权责一致、运转高效的区域市场综合监管体系。加强互联网领域打击侵权假冒工作，推广"科技 + 制度 + 保护 + 诚信"治理模式，建立权利人沟通机制和推行网上交易可疑报告制度。在流通设施互联方面，健全长三角区域基础设施网络，完善长三角综合运输通道和区际交通骨干网络，形成互联式、一体化的交通网络体系。统筹规划，建设和改造一批商业设施、农产品流通设施、物流设施、社区基本生活服务网点等流通基础设施，保障和服务民生。一张长三角城市间联动的图画，正在展开。

2）珠三角公共服务协行机制。2010 年，广东省人民政府《珠江三角洲基本公共服务一体化规划（2009～2020)》（以下简称《规划》）正式印发。《规划》将基本公共服务一体化的进程分为两个阶段。

第一阶段，初步实现基本公共服务一体化（2009～2012 年）。在珠三角各市内部，针对公共教育、公共医疗卫生、公共文化体育、公共交通、生活保障、就业保障、医疗保障、住房保障、生态与环境和现代服务业 10 项基本公共服务，在资源共享、制度对接、待遇互认、要素趋同、流转顺畅、差距缩小、城乡统一和指挥协调八个方面，初步建立起一体化的制度和机制，基本实现各市内部城乡、县（市、区）之间基本公共服务一体化。同时，突出重点，逐步推进各市之间基本公共服务制度对接。

第二阶段，全面实现基本公共服务一体化（2013～2020 年）。进一步完善各市内部基本公共服务一体化的制度机制，实现各市内部城乡、县（市、区）和不同社会群体之间基本公共服务制度的统一、基础设施的共享和城乡保障标准等方面的一致。从资源共享等八个方面着手，在第一阶段的基础上，全面推进各市之间 10 项基本公共服务制度机制的对接。到 2020 年，珠三角建立起覆盖城乡、功能完善、分布合理、管理有效、水平在全国领先的基本公共服务体系，所有珠三角居民平等地享受 10 项基本公共服务，并努力使基本公共服务水平在国内位居前列。

《规划》指出，推动珠三角基本公共服务一体化，是经济社会发展到一定阶段的必然要求；是促进珠三角经济一体化发展的现实需要；是深化社会管理体制改革的有效路径；是保民生、保增长、保稳定、构建优质生活圈的重要手段。有利于提振信心、促进消费、扩大内需，有利于进一步提升珠三角、构建优质生活圈，对广东省提高人口素质、加快经济发展方式转变具有重要意义和深远影响。

3. 协作绩效展现

在以战略布局和协同发展为指导思想的信息服务业实践中，协作的绩效主要体现在长三角和珠三角城市群（经济圈）信息服务业的整体提升以及相对均衡的发展。区域的整体实力取决于其中心城市的实力，并且通过辐射其他城市共同构成区域的竞争力。衡量两个区域的信息服务业战略协作的绩效无疑首先要看长三角和珠三角中心城市的发展状况。

上海市无疑是长三角地区信息服务业发展的"龙头"城市。2014 年，上海市信息化发展水平综合指数及网络就绪度、信息通信技术应用指数位列全国第一，两化融合指数提高到 80.36，继续领跑全国。4G 网络基本覆盖中心城区和郊区主要城镇中心区域，3G/4G 用户总量达 1400 万。全年新增 40 万户家庭光纤到户覆盖、40 万户接入开通，覆盖总量达到 830 万户。2016 年前三季度，上海软件和信息服务业实现营业收入 5173.2 亿元，比 2015 年同期增长 15.1%，其中，软件产业 2918.8 亿元，比 2015 年同期增长 16.5%；互联网信息服务业收入为 1397.73 亿元，比 2015 年同期增长 22.2%；电信传输服务业收入为 580.8 亿元，比 2015 年略有增长。软件产业方面，2016 年前三季度，上海软件产业实现营业收入 2918.8 亿元，比 2015 年同期增长 16.5%。实现利润总额 356.89 亿元，占营业收入的比重为 12.2%，比 2015 年同期增长 14%。中国银联股份有限公司、上海华东电脑股份有限公司、上海宝信软件股份有限公司等 7 家软件企业入选 2015 年中国软件业务收入前百家企业。自主可控基础软件方面，上海市已形成了完整的产业链，目前正配合国家在部分电子政务、金融等核心安全领域开展试点示范工作。工业软件方面，目前已在轨道交通信号、钢铁和石化等领域形成优势地位，同时伴随着传统产业与软件、互联网技术的融合发展催生出了一批新的应用。互联网信息服务业方面，2016 年前三季度，上海互联网信息服务业实现营业收入 1397.73 亿元，比 2015 年同期增长 22.2%。携程旅行网、上海盛大网络发展有限公司、上海网宿科技股份有限公司等 21 家互联网企业入选 2015 年中国互联网百强企业。互联网金融、网络视听、网络游戏等细分行业已初步形成了自身的特色和优势，并处在行业领先地位。互联网教育、互联网健康等新服务业态呈现出良好的发展势头，有望成为新的增长点。

　　而珠三角地区的"龙头"城市所取得的绩效也不容小觑。2009 年，在"2009 软件与信息服务外包产业年会"上，广州市副市长徐志彪在致辞中介绍，目前，广州市第三产业增加值占 GDP 的比重已超过 60%，对经济增长贡献率达到 72.7%，广州市的软件与信息服务产业连续多年以 30% 左右的速度快速增长，为发展软件和服务外包奠定了基础。据工业和信息化部软件与集成电路促进中心（CSIP）统计，2009 年软件与信息服务外包行业保持较快发展速度，产业规模继续扩大，前三季度，行业收入为 1463.6 亿元，尤其是增长速度方面，达到了24.5%，成为金融危机时发展的新亮点，预计全年收入接近 2000 亿元。在产业载体方面也基本形成了东北、环渤海、长三角、珠三角、中西部"五大集群"、"东西映射"的良好发展格局。另据 CSIP 发布的《2009 外包产业发展报告》预测，在未来的发展中，中国软件与信息服务外包内需市场在整个产业中的比重将进一步加大，在鼓励发包和鼓励接包双重政策的引导下，内需市场的潜力将会逐渐释放出来。软件与信息服务外包行业未来将更趋行业化、差异化、集群化、规范化，软件服务化趋势将更加明显，大企业将不断涌现。企业兼并重组，金融危机的洗礼，存活下来的企业将在后危机时代随着市场逐步放大有更快的发展。2016 年 12 月 16 日，广东省经济和信息化委在广州珠江宾馆组织召开了全省电子信息与软件服务业统计工作座谈会。会议中提到，2015 年，在总体经济持续增长放缓的情况下，各地经信部门齐心协力，完成全年目标，实现电子信息制造业、软件信息服务业"双第一"，实属不易。在"十二五"的收官之年，广东省电子信息和软件服务业交出了"双第一"的答卷，具有特别的意义。

四、结论及展望

改革开放30多年来，信息服务业已成为我国现代服务业的重要组成部分。如今信息服务市场的竞争已不再是单个企业之间的竞争，也不仅仅是供应链与供应链之间的竞争，而是区域信息服务体系（网络）与区域信息服务体系（网络）之间的竞争。长三角和珠三角的案例验证了以资源整合为基础的区域信息服务战略协作模式的适用性，通过空间布局、产业协同、资源共享和公共服务的协作等方面共同作用于协作绩效。本书具体结论有如下几方面：

1. 信息业战略协作的动因不是单一的但却是相似的

由长三角和珠三角地区的案例可以看出，构建协同发展的信息服务体系的原动力不是单一的，而是外部环境的拉力和发展过程遇到诸多现实问题的推力共同作用促成的。一方面寻求更高层次的发展，特别是为达成在世界信息服务业舞台中占有更大之地的目标，长三角和珠三角信息服务业需要在区域内实现联动和战略协作，才能更好地服务于信息服务产业链上中下游的企业；另一方面尽管长三角和珠三角服务业近年来取得了长足的进展，但两个城市群在信息服务业的发展上还存在亟待解决的问题，而且遇到的问题极为相似，具有产业内部结构升级较慢；区域资源整合和联动发展机制尚不完善；投融资机制亟待完善；人才支撑体系和诚信体系有待健全；知识产权保护有待加强等各方面的问题。相信上述问题对京津冀信息服务业的战略协同发展有深刻的启示意义，如果从布局之初就能意识到可能面临的问题，那么战略的制定会更加周全和长远。信息服务业作为一种重要的贸易平台，不仅在一个城市内部需要有非常严格的产业秩序，在一个大的经济区内部同样需要协同发展。我们相信，以资源整合为基础的区域信息服务业战略协作模式必将成为信息服务业的战略趋势。

2. 区域信息服务战略协作的实现方式不是唯一的

通过长三角和珠三角地区信息服务业的案例可以看出，尽管以资源整合为基础的区域信息服务业战略协作模式都有空间布局、产业协同、资源共享和公共服务协作四个要素，但各区域的实现方式不一，每个区域的具体情况不一，面临的竞争环境及所拥有的资源也不尽相同，这就造成了各区域在具体协作方式上的差异性。可见区域信息服务业战略协作在具体实施过程中还需因区域而异，借鉴理论及成功实践对象的经验，探索出一条适合自己的独特道路。这提醒我们思考适合京津冀地区信息服务业战略协作的特色之路，并将其落实到具体要素上，即如何进行空间布局，如何实现产业协同，如何充分共享资源，如何创新公共服务协作？京津冀作为地域相连、城市定位差异化明显、产业结构互补性明显的三个地区，信息服务业的协同发展不仅有利于发挥各自的区域优势、经济特色，形成差异化发展定位，而且有利于降低区域间的竞争，形成信息服务业在京津冀大区域内的良性循环。此外，信息服务业作为一种对基础设施、交通、人才等公共服务具有较高依赖性的现代服务业，京津冀地区政府高效率的公共服务协作机制是保障三地信息服务业协同发展的重要因素。

3. 区域信息服务业战略布局与协同发展的内核在于内外资源的整合

传统的资源划分方法认为，区域资源主要是指区域内部资源。而"竞合"

观念下，区域外部资源成为区域资源的重要构成部分。资源整合的目的不是面向产业，而是要考虑区域的生态系统。因而相关的群体包括了上下游企业、规则的制定者、标准设定的主体、教育机构等。这种生态系统的组织形式要求，充分利用内外部资源和能力，提高区域整体竞争力。通过案例分析，我们可以看出，长三角和珠三角地区尽管在资源整合上做出了很大的努力，但其也还有可以作为的空间。实行协同发展资源整合，不仅有利于优化北京的人口、资源与环境压力，充分利用北京市丰富的人才资源，而且有利于发挥区域特色，提升北京信息服务业的运行质量。

本书以长三角和珠三角地区为例，运用双案例嵌入式的方法，比较了长三角和珠三角地区信息服务业战略协作的动因、协作要素及其协作绩效，在一定程度上揭示了区域信息服务业战略协作模式的内涵，丰富了相关理论，对制定京津冀信息服务业空间布局及协同发展的政策体系具有借鉴意义。具体而言，首先，京津冀地区信息服务业的发展需要明确各城市的发展定位，必须依据产业基础、区域优势等因素，对本市信息服务业的发展作出合适的定位。其次，合理控制京津冀三地信息服务业的布局与结构，信息服务业的布局需要长远的规划和科学的设计。最后，需要加强区域内城市间的协作，打破行政区划的界限，构建区域合作机制，通过经济协调会、论坛等方式来促进区域内部城市之间的分工协作，以促进京津冀信息服务业的持续、健康发展。然而，本书还存在某些局限性，整个内容仅仅是基于案例研究，如果后续能够提供数据方面的实证检验研究，则会使理论更加深入，结论更加可靠。

参考文献

［1］Ahamed Z. , Kamoshida A. , Inohara T. Organizational Factors to the Effectiveness of Implementing Servitization Strategy ［J］. Journal of Service Science & Management, 2013, 6 (2): 177 –185.

［2］Akkermans H. , Voss C. The Service Bullwhip Effect ［J］. International Journal of Operations & Production Management, 2013, 66 (6): 765 –788.

［3］Ana Paula Bezerra Barquet, et al. Employing the Business Model Concept to Support the Adoption of Product – service Systems (PSS) ［J］. Industrial Marketing Management, 2013, 42 (5): 693 –704.

［4］Baines T. , Lightfoot W. Howard. Servitization of the Manufacturing Firm: Exploring the Operations Practices and Technologies that Deliver Advanced Services ［J］. International Journal of Operations & Production Management, 2014, 34 (1): 2 –35.

［5］Baltacioglu, Ada, Kaplan, Yurt, Kaplan. A New Framework for Service Supply Chains ［J］. The Service Industries Journal, 2007, 27 (2): 105 –124.

［6］Banomyong R. , Supatn N. Developing a Supply Chain Performance Tool for SMEs in Thailand ［J］. Supply Chain Management an International Journal, 2011, 16 (1): 20 –31.

［7］ Barnett N. J. , Parry G. , Saad M. , et al. Servitization: Is a Paradigm Shift in the Business Model and Service Enterprise Required? ［J］. Strategic Change, 2013, 22 (3 – 4): 145 – 156.

［8］ Bettencourt L. A. , Lusch R. F. , Vargo S. L. A Service Lens on Value Creation: Marketing's Role in Achieving Strategic Advantage ［J］. California Management Review, 2014, 57 (1): 44 – 66.

［9］ Bikfalvi A. , Lay G. , Maloca S. , et al. Servitization and Networking: Large – scale Survey Findings on Product – related Services ［J］. Service Business, 2013, 7 (1): 61 – 82.

［10］ Browing H. , Singleman J. The Emergency of a Service Society: Demographic and Sociological Aspects of the Sectoral Transformation in the Labor Force of the USA National Technical Information Service ［M］. Springfield, VA: National Technical Information Service, 1975.

［11］ Cho Won Dong, et al. A Framework for Measuring the Performance of Service Supply Chain Management ［J］. Computers & Industrial Engineering, 2012, 62 (3): 801 – 818.

［12］ Clark C. Conditions of Economic Progress ［M］. London: The Macmillan Co. , 1940.

［13］ Coltman T. , Devinney T. M. Modeling the Operational Capabilities for Customized and Commoditized Services ［J］. Social Science Electronic Publishing, 2013, 31 (7 – 8): 555 – 566.

［14］ Dimache A. , Roche T. A Decision Methodology to Support Servitisation of Manufacturing ［J］. International Journal of Operations & Production Management, 2013, 33 (11/12): 1435 – 1457.

［15］ Dixon M. , Verma R. Sequence Effects in Service Bundles: Implications for Service Design and Scheduling ［J］. Journal of Operations Management, 2013, 31

（3）：138 – 152.

[16] Edward G., Anderson J. R., Douglas J. M. A Simulation Game for Teaching Service Oriented Supply Chain Management: Does Information Sharing Help Managers with Service Capacity Decisions? [J]. Production and Operations Management, 2000, 9 (1): 40 – 55.

[17] Ellram L. M. Tate W. L. and Billington C. Understanding and Managing the Service Supply Chain [J]. Journal of Supply Chain Management, 2004, 40 (4): 17 – 32.

[18] Ford D., Mouzas S. Service and Value in the Interactive Business Landscape [J]. Industrial Marketing Management, 2013, 42 (1): 9 – 17.

[19] Frida Pemer, Andreas Werr, Mattia Bianchi. Purchasing Professional Services: A Transaction Cost View of the Antecedents and Consequences of Purchasing Formalization [J]. Industrial Marketing Management, 2014, 43 (5): 840 – 849.

[20] Gebauer H., Paiola M., Saccani N. Characterizing Service Networks for Moving from Products to Solutions [J]. Industrial Marketing Management, 2013, 42 (1): 31 – 46.

[21] Giannakis Mihalis. Management of Service Supply Chains with a Service – oriented Reference Model: The Case of Management Consulting [J]. Supply Chain Management, 2011, 16 (5): 346 – 361.

[22] Greenfield H. Manpower and the Growth of Producer Service [M]. New York & London: Columbia University Press, 1966.

[23] Grönroos C. Service Logic Revisited: Who Creates Value? And Who Co – creates [J]. European Business Review, 2008, 20 (4): 298 – 314.

[24] Grönroos Christian, Gummerus Johanna. The Service Revolution and its Marketing Implications: Service Logic vs. Service – dominant Logic [J]. Managing Service Quality, 2014, 24 (3): 206 – 229.

［25］Grönroos, Christian, Ravald Annika. Service as Business Logic: Implications for Value Creation and Marketing [J]. Journal of Service Management, 2011, 22 (1): 5 –22.

［26］Grubel H. G., Walker M. A. Service Industry Growth: Causes and Effects [M]. Vancouver: The Fraser Institute, 1989.

［27］Hansen N. The Strategic Role of Producer Services in Regional Development [J]. International Regional Science Review, 1994, 23 (1): 13 –20.

［28］Heinonen K., Strandvik T., Karl – Jacob Mickelsson, et al. A Customer-dominant Logic of Service [J]. Journal of Service Management, 2010, 21 (4): 531 –548.

［29］Heinonen, Kristina, Tore Strandvik, Päivi Voima. Customer Dominant Value Formation in Service [J]. European Business Review, 2013, 25 (2): 104 –123.

［30］Jaakkola E., Hakanen T. Value Co – creation in Solution Networks [J]. Industrial Marketing Management, 2013, 42 (1): 47 –58.

［31］Jääskeläinen A., Laihonen H., Lönnqvist A. Distinctive Features of Service Performance Measurement [J]. International Journal of Operations & Production Management, 2014, 34 (12): 1466 –1486.

［32］Jack S. C., Kathy D., Amie F. From Raw Materials to Customers: Supply Chain Management in the Service Industry [J]. Advanced Management Journal, 2000, 66 (4): 14 –21.

［33］Juleff L. The Location Patterns of Advanced Productive Service Employment in Great Britain [R]. 1996.

［34］Kastalli Visnjic Ivanka, Looy B. V. Servitization: Disentangling the Impact of Service Business Model Innovation on Manufacturing Firm Performance [J]. Journal of Operations Management, 2013, 31 (4): 169 –180.

［35］ Kim D. , Cavusgil S. T. , Cavusgil E. Does IT Alignment between Supply Chain Partners Enhance Customer Value Creation? An Empirical Investigation ［J］. Industrial Marketing Management, 2013, 42 (6): 880 – 889.

［36］ Kohtamäki M. , Partanen J. , Möller K. Making a Profit with R&D Services-The Critical Role of Relational Capital ［J］. Industrial Marketing Management, 2013, 42 (1): 71 – 81.

［37］ Kohtamäki M. , Partanen J. , Parida V. , et al. Non – linear Relationship between Industrial Service Offering and Sales Growth: The Moderating Role of Network Capabilities ［J］. Industrial Marketing Management, 2013, 42 (8): 1374 – 1385.

［38］ Kowalkowski C. , Witell L. , Gustafsson A. Any Way Goes: Identifying Value Constellations for Service Infusion in SMEs ［J］. Industrial Marketing Management, 2013, 42 (1): 18 – 30.

［39］ Leuschner R. , Carter C. R. , Goldsby T. J. , et al. Third – Party Logistics: A Meta – Analytic Review and Investigation of Its Impact on Performance ［J］. Journal of Supply Chain Management, 2014, 50 (1): 21 – 43.

［40］ Leuschner R. , Charvet F. , Rogers D. S. A Meta – Analysis of Logistics Customer Service ［J］. Journal of Supply Chain Management, 2013, 49 (1): 47 – 63.

［41］ Lightfoot H. , Baines T. , Smart P. The Servitization of Manufacturing: A Systematic Literature Review of Interdependent Trends ［J］. International Journal of Operations & Production Management, 2013, 33 (5): 1408 – 1434.

［42］ Liu W. , Liu C. , Ge M. An Order Allocation Model for the Two – echelon Logistics Service Supply Chain Based on Cumulative Prospect Theory ［J］. Journal of Purchasing & Supply Management, 2013, 19 (1): 39 – 48.

［43］ Makkonen H. , Vuori M. The Role of Information Technology in Strategic Buyer – supplier Relationships ［J］. Industrial Marketing Management, 2014, 43

(6)：1053 – 1062.

[44] Marshall J. Understanding the Location and Role of Producer Services in the UK [J]. Environment and Planning, 1987, 19 (5)：575 – 595.

[45] Martinez V., Bastl M., Kingston J., et al. Challenges in Transforming Manufacturing Organisations into Product – service Providers [J]. Journal of Manufacturing Technology Management, 2004, 21 (4)：449 – 469.

[46] Nätti S., Pekkarinen S., Hartikka A., et al. The Intermediator Role in Value Co – creation within a Triadic Business Service Relationship [J]. Industrial Marketing Management, 2014, 43 (6)：977 – 984.

[47] Ng I., Parry G., Smith L., Maull R., Briscoe G. Transitioning from a Goods – dominant to a Service – dominant Logic：Visualising the Value Proposition of Rolls – Royce [J]. Journal of Service Management, 2012, 23 (3)：416 – 439.

[48] Palo T., Töhtinen J. Networked Business Model Development for Emerging Technology – based Services [J]. Industrial Marketing Management, 2013, 42 (5)：773 – 782.

[49] Pemer F., Werr A., Bianchi M. Purchasing Professional Services：A Transaction Cost View of the Antecedents and Consequences of Purchasing Formalization [J]. Industrial Marketing Management, 2014, 43 (5)：840 – 849.

[50] Pulles J. Niels, Veldman Jasper, Schiele, Holger. Identifying Innovative Suppliers in Business Networks：An Empirical Study [J]. Industrial Marketing Management, 2014, 43 (3)：409 – 418.

[51] Rahman N. A. A., Melewar T. C., Sharif A. M. The Establishment of Industrial Branding through Dyadic Logistics Partnership Success (LPS)：The Case of the Malaysian Automotive and Logistics Industry [J]. Industrial Marketing Management, 2014 (43)：67 – 76.

[52] Rao S., Rabinovich E., Raju D. The Role of Physical Distribution

Services as Determinants of Product Returns in Internet Retailing [J]. Journal of Operations Management, 2014, 32 (6): 295 – 312.

[53] Reinartz W., Ulaga W. Cómo Vender Servicios Rentablemente [J]. Harvard Business Review, 2008 (86): 69 – 75.

[54] Sampson S. E., Spring M. Customer Roles in Service Supply Chains and Opportunities for Innovation [J]. Journal of Supply Chain Management, 2012, 48 (4): 30 – 50.

[55] Sampson S. E. Foundations and Implications of a Proposed Unified Services Theory [J]. Production & Operations Management, 2006, 15 (2): 345 – 346.

[56] Sampson, Scott E. Customer – supplier Duality and Bidirectional Supply Chains in Service Organizations [J]. International Journal of Service Industry Management, 2000, 11 (4): 348 – 364.

[57] Santos J. B., D' Antone S. Reinventing the Wheel? A Critical View of Demand – chain Management [J]. Industrial Marketing Management, 2014 (43): 1012 – 1025.

[58] Selviaridis K., Spring M., Araujo L. Provider Involvement in Business Service Definition: A Typology [J]. Industrial Marketing Management, 2013, 42 (8): 1398 – 1410.

[59] Smith L., Maull R., Ng I. C. L. Servitization and Operations Management: A Service Dominant – logic Approach [J]. International Journal of Operations & Production Management, 2014, 34 (2): 242 – 269.

[60] Spring M., Araujo L. Beyond the Service Factory: Service Innovation in Manufacturing Supply Networks [J]. Industrial Marketing Management, 2013, 42 (1): 59 – 70.

[61] Steel M., Dubelaar C., Ewing M. T. Developing Customised CRM Projects: The Role of Industry Norms, Organisational Context and Customer

Expectations on CRM Implementation [J] . Industrial Marketing Management, 2013, 42 (8): 1328 - 1344.

[62] Thomas E. Supplier Integration in New Product Development: Computer Mediated Communication, Knowledge Exchange and Buyer Performance [J] . Industrial Marketing Management, 2013, 42 (6): 890 - 899.

[63] Turunen T. , Finne M. The Organisational Environment's Impact on the Servitization of Manufacturers [J] . European Management Journal, 2014 (32): 603 - 615.

[64] Ulaga W. , Loveland J. M. Transitioning from Product to Service - led Growth in Manufacturing Firms: Emergent Challenges in Selecting and Managing the Industrial Sales Force [J] . Industrial Marketing Management, 2014, 43 (1): 113 - 125.

[65] Van der Valk W. , Wynstra F. Variety in Business - to - business Services and Buyer - supplier Interaction: The Case of Cleaning Services [J] . International Journal of Operations & Production Management, 2014, 34 (2): 195 - 220.

[66] Vandaele D. , Gemmel P. Purchased Business Services Influence Downstream Supply Chain Members [J] . International Journal of Service Industry Management, 2007, 18 (3): 307 - 321.

[67] Vargo S. L. , Lusch R. F. , Service - dominant Logic: Continuing the Evolution [J] . Journal of the Academy of Marketing Science, 2008a, 36 (1): 1 - 10.

[68] Vargo S. L. , Lusch R. F. Evolving to a New Dominant Logic for Marketing [J] . Journal of Marketing, 2004, 68 (1): 1 - 17.

[69] Vries J. D. , Schepers J. , Weele A. V. , et al. When do They Care to Share? How Manufacturers Make Contracted Service Partners Share Knowledge [J] . Industrial Marketing Management, 2014 (43): 1225 - 1235.

［70］Waart D. , Steve K. 5 Steps to Service Supply Chain Excellence［J］. Supply Chain Management Review, 2004, 8（1）: 28 – 35.

［71］Ylimäki J. A Dynamic Model of Supplier – customer Product Development Collaboration Strategies［J］. Industrial Marketing Management, 2014（43）: 996 – 1004.

［72］Zeithaml V. A. , Bitner M. J. Services Marketing［M］. New York: McGraw – Hill, 1996.

［73］Zeithaml V. A. , Parasuraman A. , Berry L. L. Problems and Strategies in Services Marketing［J］. Journal of Marketing, 1985（49）: 33 – 46.

［74］陈建龙,王建冬. 我国地方信息服务业发展的经济环境与发展阶段分析［J］. 图书情报工作, 2010, 54（4）: 38 – 40.

［75］陈李,熊励. 长三角信息服务业的发展优势与实施策略［J］. 商业经济研究, 2007（12）: 104 – 105.

［76］丁玲华. 我国信息服务业发展现状及对策研究［J］. 当代经济管理, 2011, 33（11）.

［77］方维慰. 中国信息服务业空间格局的评价分析［J］. 科技与经济, 2011, 24（143）: 66 – 69.

［78］郭榕,熊励. 长三角信息服务业现状分析与发展策略［J］. 江苏商论, 2006（12）: 47 – 48.

［79］郭彦丽,严建援. SaaS 服务供应链的创新结构研究［J］. 商业时代, 2012（11）: 30 – 32.

［80］胡正华,宁宣熙. 服务链概念、模型及其应用［J］. 商业研究, 2003（7）: 111 – 113.

［81］黄兵. 我国信息服务业的发展现状及对策［J］. 商场现代化, 2011（1）: 128 – 130.

［82］李超. 我国各地区现代信息服务业综合评价研究［J］. 图书情报工作,

2011，55（14）．

[83] 李东业，邵发森，江中略．长三角地区信息产业发展现状及对策分析[J]．电子政务，2012（7）：88 - 95．

[84] 李南南，孙秋碧．信息服务的概念及范围初探[J]．现代情报，2007，27（12）：69 - 70．

[85] 李珊珊．"十三五"河北省信息服务业发展重点研究[J]．河北企业，2016（5）：54 - 55．

[86] 刘邦凡，华继坤，詹国辉．京津冀区域经济一体化与河北沿海地区发展[J]．中国商贸，2013（34）：146 - 147．

[87] 宋华．服务供应链［M］．北京：中国人民大学出版社，2012．

[88] 孙久文，邓慧慧，叶振宇．京津冀区域经济一体化及其合作途径探讨[J]．首都经济贸易大学学报，2008（2）：55 - 60．

[89] 田宇．物流服务供应链构建中的供应商选择研究[J]．系统工程理论与实践，2003，23（5）：49 - 53．

[90] 王海涛，徐刚，恽晓方．区域经济一体化视阈下京津冀产业结构分析[J]．东北大学学报（哲学社会科学版），2013，15（4）：367 - 374．

[91] 王康周，江志斌，林文进等．服务型制造混合供应链管理研究[J]．软科学，2013，27（5）：93 - 95．

[92] 温春龙，胡平．信息服务业对区域经济带动作用——基于 29 个省（市）2000～2008 年面板数据[J]．科技与经济，2011，24（2）：64 - 68．

[93] 熊励．长三角、珠三角、京津冀三大经济区域信息服务比较研究[R]．中国信息经济学会学术年会，2008．

[94] 熊励．中国三大区域现代信息服务业差异比较与融合发展[J]．上海大学学报（哲学社会科学版），2009，16（3）：21 - 28．

[95] 熊励．中国三大区域现代信息服务业差异比较与融合发展[J]．上海大学学报（哲学社会科学版），2009，16（3）．

［96］徐国祥，常宁．我国现代服务业统计分类标准的设计及应用研究［EB/OL］．中国科技论文在线，http：//www. paper. edu. cn，2002.

［97］薛培荣，姚真．信息服务业在知识经济发展中的地位和作用［J］．科技情报开发与经济，2000，10（6）：25－26.

［98］阳明明．香港的港口服务型供应链［J］．中国物流与采购，2006（10）：56－58.

［99］杨超，高永祥，曹顺良，王建会．上海市信息服务业发展现状与对策研究［J］．情报理论与研究，2011，34（10）．

［100］赵健东，廖军．当前信息服务业现状及发展趋势［J］．现代电信科技，2008，38（7）：63－66.

［101］智研数据研究中心．2012~2016年中国信息技术产业运行态势与投资前景评估报告［R］．

［102］周璐．长三角、珠三角和京津冀经济圈发展特征比较［J］．中国商界，2008（6）：142.